CHARLES DICKENS

LA TERRE

DE

TOM TIDDLER

PARIS
ERNEST FLAMMARION, ÉDITEUR
26, RUE RACINE, PRÈS L'ODÉON

Tous droits réservés.

LA TERRE DE TOM TIDDIER

ÉMILE COLIN — IMPRIMERIE DE LAGNY.

LA
TERRE DE TOM TIDDLER

I

SUIE ET CENDRES

— Et pourquoi appelle-t-on cela la terre de Tom Tiddler? demanda le voyageur.

— Parce qu'il jette des sous aux mendiants et aux vagabonds qui, naturellement, les ramassent, répondit l'aubergiste. Et comme il fait cette aumône sur sa propre terre qui était, vous le remarquerez, avant d'être à lui, celle de sa famille, vous n'avez qu'à considérer les sous comme de l'or ou de l'argent et à changer le nom de la propriété en celui du propriétaire et vous saurez sur le bout de vos doigts le nom de la plaisanterie des enfants, et cela est juste aussi, dit l'aubergiste, avec son habitude favorite de regarder dans l'espace à travers la table et la croisée, par-dessous la jalousie à moitié tirée. Du moins, cela était considéré ainsi par plusieurs des gentlemen qui ont pris des tasses de thé dans cette humble salle.

Le voyageur en ce moment prenait le thé avec l'aubergiste qui tirait directement à boulet rouge sur lui.

— Et vous l'appelez l'ermite? dit le voyageur

— C'est ainsi qu'on l'appelle, reprit l'hôte, évitant de prendre aucune responsabilité personnelle, et on le considère généralement comme tel.

— Qu'est-ce qu'un ermite? demanda le voyageur.

— Ce que c'est, répéta l'hôte, en se passant la main sous le menton.

— Oui, qu'est-ce que c'est.

L'hôte se baissa de nouveau pour voir d'une vue plus étendue dans l'espace, par-dessous la jalousie, et, avec l'air embarrassé d'un homme peu accoutumé à une définition, il ne fit point de réponse.

— Je vais vous dire mon idée à ce sujet, répliqua le voyageur : « C'est une abominable et sale chose. »

— M. Mopes est sale, on ne saurait le nier, dit l'hôte.

— Et d'une suffisance insupportable.

— M. Mopes est, dit-on, infatué de la vie qu'il mène, reprit l'hôte, comme faisant une autre confession.

— Un stupide et affreux renversement des lois de la nature humaine, riposta le voyageur, et par égard pour ceux qui travaillent à l'œuvre de Dieu d'une manière utile, tout à la fois morale et physique, je mettrais la chose sous la roue d'un moulin, si je le pouvais, et partout où je la trouverais, soit sur une colonne, soit dans un trou, ou sur la Terre de Tom Tiddler, soit dans les États du Pape, sur la terre d'un fakir hindou ou sur n'importe quelle terre.

— Je ne saurais mettre M. Mopes sous la roue d'un moulin, dit l'hôte en secouant la tête très sérieusement, mais il n'y a point de doute qu'il ne possède de riches propriétés.

— A quelle distance peut être la terre de Tom Tiddler? demanda le voyageur.

— On la met à cinq milles, répondit l'hôte.

— Bien, quand j'aurai déjeuné, je m'y rendrai. Je suis venu ici ce matin pour le trouver et le voir.

— Il y en a beaucoup qui font ainsi, observa l'hôte.

La conversation se passait au cœur de l'été d'une année de grâce peu éloignée, au milieu des vallées agréables et des rivières poissonneuses d'un verdoyant comté d'Angleterre. N'importe quel comté. Il suffit que vous y puissiez chasser, tirer, pêcher, parcourir ses longues voies romaines recouvertes de gazon, ouvrir d'anciennes barrières, voir de nombreux arpents de terre richement cultivés et entretenir une conversation toute arcadienne avec de braves paysans, l'orgueil de leur pays, qui vous diront (si vous avez besoin de le savoir) comment vous vous procurerez une table pastorale à neuf schillings par semaine.

Le voyageur se mit à déjeuner dans le petit salon sablé du cabaret du village du Peal-of-Bells, les souliers encore recouverts de la rosée et de la poussière d'une promenade faite de grand matin à travers la route, la prairie et le taillis, et qui l'avait gratifié de petits brins d'herbes, de fragments de foin nouveau, et de beaucoup d'autres témoignages odorants de la fraicheur et des richesses de l'été. La fenêtre à travers laquelle l'aubergiste avait plongé les regards dans l'espace, était ombragée par une jalousie, parce que le soleil du matin était chaud et dardait dans la rue du village. Cette rue ressemblait à celles de la plupart des autres villages : large pour sa hauteur, silencieuse pour son étendue, et paisible au plus haut degré, et les moindres de ses petites habitations avaient d'énormes volets pour fermer Rien avec autant de soin que si elles eussent été la *Monnaie* ou la *Banque d'Angleterre.*

Tout d'abord, la maison du docteur attirait les regards avec sa plaque d'airain sur sa porte, et ses trois étages ; elle était aussi remarquable et aussi différente des autres, que le docteur lui-même, avec son grand habit de drap, au milieu de ses malades en sarrau.

Les habitations du village semblaient s'être fait une loi de rivaliser de mauvais goût, car une vingtaine de cabanes en lattes et en plâtre étaient entassées confusément autour de la maison en briques rouges du Procureur, qui, avec son brillant perron et son énorme décrottoir, paraissait en quelque sorte vouloir les écraser. Elles étaient aussi variées que les laboureurs qui les occupaient, les uns ayant les épaules hautes, le cou de travers et des rhumatismes, — les autres étant borgnes, louches, cagneux, boiteux et cassés.

Quelques-unes des petites maisons de commerçants, telles que la boutique de l'épicier et du sellier, avaient dans le milieu du pignon un œil-de-bœuf unique à un pouce ou deux du sommet, donnant à supposer que c'était par là que quelque malheureux apprenti de la campagne devait, comme un ver, se glisser horizontalement dans l'appartement, quand il se retirait pour se reposer.

Autant la contrée environnante était riche et abondante, autant le village était pauvre et chétif, ce qui faisait penser que ceux qui l'habitaient avaient planté tout ce qu'ils possédaient pour le convertir en récoltes. Ceci expliquerait la nudité des petites boutiques, la nudité de quelques planches et tréteaux dans un coin de la rue, désigné pour tenir le marché, la nudité de la vieille auberge et de sa cour avec sa sinistre inscription : « Bureau de l'accise », non encore effacée de la porte, semblant indiquer la dernière chose que la pauvreté pouvait encore acquitter. Ceci expliquerait aussi l'abandon déterminé du village par un chien égaré, mourant de faim, qui se dirige du côté des blancs poteaux et de l'étang, et sa conduite dans l'hypothèse où, par un suicide, il irait se convertir en engrais et devenir en quelque sorte partie intégrante des navets et des épinards.

Le voyageur ayant fini son déjeuner et payé son modeste écot, franchit le seuil du Peal-of-Bells, et, suivant la direction que l'hôte lui indiquait du doigt, il partit pour l'ermitage en ruines du solitaire M. Mopes.

M. Mopes, en laissant tout tomber en ruines autour de lui, en s'enveloppant dans une couverture attachée par une brochette, et en se roulant dans la suie, la graisse, et d'autres saletés, avait acquis un grand renom dans la contrée, renom beaucoup plus grand qu'il n'eût jamais pu l'obtenir par lui-même, si sa carrière eût été celle d'un chrétien ordinaire ou d'un hottentot décent. Il s'était roulé et sali de suie et de graisse jusqu'à illustrer son nom dans les journaux de Londres. Et il était curieux d'observer, comme le fit le voyageur, en s'arrêtant afin de prendre une nouvelle direction pour arriver à cette ferme ou à cette chaumière qu'il longeait, avec quel soin le maladif Mopes avait compté sur la faiblesse de ses voisins pour orner sa demeure.

Une espèce de nuage merveilleux et romanesque entourait Mopes, et, comme dans tous les nuages, les proportions réelles des véritables objets atteignaient ici des hauteurs extravagantes. Il avait, dans un accès de jalousie, tué la belle créature qu'il adorait, et il en faisait pénitence ; il avait fait un vœu sous l'influence de son chagrin ; il avait fait un vœu sous l'influence d'un accident fatal ; il avait fait un vœu sous l'influence de la religion; il avait fait un vœu sous l'influence de la boisson; il avait fait un vœu sous l'influence du désappoinement ; ou plutôt il n'avait jamais fait de vœu, mais il avait été poussé à vivre ainsi, par la possession d'un secret puissant et redoutable ; il était énormément riche, étonnamment charitable et profondément instruit : il voyait des spectres, connaissait et pouvait faire toutes sortes de choses merveilleuses. Les uns disaient qu'il errait toutes les nuits, et que des voyageurs épouvantés l'avaient rencontré marchant fièrement le long des chemins obscurs ; d'autres disaient qu'il ne sortait jamais ; ceux-ci savaient que sa pénitence serait bientôt finie, d'autres affirmaient positivement que sa vie de réclusion n'était point du tout une pénitence, et qu'elle ne finirait qu'avec lui-même. Si vous en veniez au simple fait de son âge, à la durée de sa sordide existence, depuis qu'il vivait dans une couverture, vous ne pouviez obtenir aucune information de quelque consistance de ceux qui auraient pu le savoir, s'ils l'avaient voulu. On le représentait comme ayant tous les âges, depuis 25 jusqu'à 60 ans, et comme étant ermite depuis sept, douze, vingt ou trente ans, bien que vingt ans fût le chiffre généralement adopté.

— Bien, bien! se dit le voyageur, voyons à

tout prix à quoi ressemble un ermite réellement vivant...

Alors le voyageur continua, et approcha toujours jusqu'à ce qu'il arrivât à la terre de Tom Tiddler.

C'était un enfoncement auquel menait un chemin rustique; le génie de Mopes l'avait rendu aussi complètement désert que s'il fût né empereur ou conquérant. Le centre était occupé par une habitation suffisamment solide dont toutes les vitres avaient été depuis longtemps détruites par le génie surprenant de Mopes et dont toutes les fenêtres étaient barricadées de pièces de bois raboteuses cloués à l'extérieur. Une cour, couverte d'un tas de débris de végétaux et de ruines, contenait des bâtiments dont le chaume s'était facilement envolé au souffle de tous les vents des quatre saisons de l'année, et dont les planches et les poutres étaient peu à peu tombées en pourriture. Les gelées et les brouillards de l'hiver et les chaleurs de l'été avaient déjeté ce qui avait échappé aux tempêtes. En sorte que pas un pilier, pas une planche, ne conservait la place qu'ils auraient dû occuper et chaque chose était, comme le propriétaire, hors de sa place, dégradée et abaissée. Dans l'habitation du fainéant, derrière la haie en ruines, et s'enfonçant parmi des débris d'herbes et d'orties, se voyaient les derniers fragments de certains monceaux, qui, gâtés par la nielle, s'étaient affaissés au point de ressembler à un tas de rayons de miel pourris ou d'éponges sales. La terre de Tom Tiddler pouvait même montrer les restes de ses eaux, car il y avait un étang visqueux dans lequel étaient tombés deux ou trois arbres, un tronc d'arbre pourri, et quelques branches gisaient encore dedans ; cette eau, malgré cette accumulation d'herbes stagnantes, malgré sa noire décomposition, sa pourriture et sa saleté, eût été presque une consolation, étant regardée comme la seule eau qui pût refléter cet affreux endroit sans paraître souillée par cet emploi abject.

Le voyageur promenait ses regards tout autour de lui sur la terre de Tom Tiddler ; il aperçut à la fin un chaudronnier tout poudreux couché parmi les herbes et les tas de gazon, à l'ombre de l'habitation. Un bâton raboteux gisait sur le sol à côté de lui, et sa tête reposait sur une petite besace. Il rencontra les yeux du voyageur sans relever la tête, en baissant simplement un peu le menton (il était couché sur le dos), pour mieux le voir.

— Bonjour! dit le voyageur.

— Bonjour aussi, si cela vous fait plaisir, répondit le chaudronnier.

— Cela ne vous plaît donc pas? Il fait une journée superbe.

— Je ne m'intéresse point au temps, reprit le chaudronnier en bâillant.

Le voyageur s'approcha de la place où il était couché et, en le regardant, il lui dit :

— Voici un curieux endroit.

— Ah! je le suppose! fit le chaudronnier. La « Terre de Tom Tiddler », comme on l'appelle.

— La connaissez-vous bien?

— Je ne l'ai jamais vue avant aujourd'hui, dit le chaudronnier en bâillant de nouveau, et je ne me soucie pas de jamais la revoir. Il y avait ici à l'instant un homme qui m'a dit que c'était comme cela qu'on l'appelait. Si vous avez besoin de voir Tom lui-même, vous devez passer par cette porte.

Et par un faible mouvement de menton il indiqua une petite porte en bois, tout en ruines, sur le côté de l'habitation.

— Avez-vous vu Tom ?

— Non, et je n'ai point intérêt à le voir ?... Je puis voir n'importe où un homme sale...

— Il n'habite point dans cette maison, alors ? dit le voyageur en jetant de nouveau les yeux sur l'habitation.

— L'homme qui m'a appris sa demeure, reprit le chaudronnier d'un air irrité, était ici à l'instant. La terre sur laquelle vous êtes, camarade, est la terre de Tom Tiddler. Si vous avez besoin de voir Tom lui-même, entrez par cette porte. L'homme était sorti lui-même par cette porte et il doit donc savoir si Tom y est.

— Certainement, dit le voyageur.

— Et peut-être, s'écria le chaudronnier, si étonné de la clarté de sa propre idée qu'elle produisit sur lui un effet électrique et lui fit relever la tête d'un pouce ou deux, peut-être est-ce un menteur. Celui qui était ici tout à l'heure auprès de Tom, m'a affirmé à plusieurs reprises qu'il était ici et m'a dit : « Camarade, quand Tom ferme la maison pour aller courir le monde, les lits sont tout faits comme si quelqu'un devait les occuper. Si vous passiez maintenant à travers les chambres, vous verriez les draps pourris se soulever comme des vagues. Et soulevés par quoi? par les rats qui y pullulent...

— Je voudrais avoir déjà vu cet homme, fit le voyageur.

— Vous auriez été heureux de le voir, si vous aviez été à ma place, grommela le chaudronnier; c'était un homme bien ennuyeux.

Non sans un certain ressentiment dans le souvenir, le chaudronnier ferma lentement les yeux. Le voyageur, jugeant que le chaudronnier était un homme facilement ennuyé dont il ne pourrait tirer de plus amples renseignements, se dirigea vers la porte.

La porte tourna sur ses gonds rouillés et le voyageur se trouva dans une cour ou il n'y avait autre chose à voir qu'un bâtiment adossé à l'édifice en ruine et muni d'une fenêtre fermée par des barreaux. Comme il y avait sous cette fenêtre des traces de pas encore tout récents, et comme elle était basse et non vitrée, le voyageur put regarder à l'intérieur. Il s'assura ainsi qu'il avait devant lui un ermite réellement vivant, et put juger comment un ermite peut pourtant paraître réellement mort.

Il était couché sur un amas de suie et de cendres, par terre, en face d'une sale cheminée.

Il n'y avait rien autre dans cette noire petite cuisine, ou cave, ou quel que pût être l'usage primitif de cet antre, qu'une table recouverte d'un tas de vieilles bouteilles. Un rat, qui remuait parmi ces bouteilles, sauta à terre, passa, en allant à son trou, sur l'ermite réellement vivant ; sans cela l'homme dans son propre trou n'eût pas été aussi facile à distinguer. Chatouillé à la figure par la queue du rat, le propriétaire du domaine de Tom Tiddler ouvrit les yeux, vit le voyageur, et s'élança à la fenêtre.

— Bon ! pensa le voyageur, en se reculant des barreaux d'un pas ou deux. Un gibier de potence, un échappé de Bedlam, un prisonnier pour délits de la pire espèce, un ramoneur, un mendiant, un véritable sauvage, c'est une ancienne famille bien délicate que la famille de l'ermite. Ha !

Telles étaient les pensées du voyageur quand tout à coup il se trouva en face de cet objet tout

couvert de suie et enveloppé dans une couverture
(à la vérité il ne portait pas autre chose), qui avait
les cheveux affreusement mêlés et les yeux fixes.
Ajoutez à cela que ses yeux, comme le remarqua
le voyageur, le suivaient avec une curiosité bien
marquée, pour voir l'effet qu'ils produisaient :
« Vanité, vanité, vanité ! En vérité tout est vanité ! »

— Quel est votre nom, monsieur, et d'où venez-
vous ? demanda M. Mopes, l'ermite, avec un air
d'autorité, mais dans le langage ordinaire d'un
homme qui a été à l'école.

Le voyageur répondit à ses questions.

— Êtes-vous venu ici pour me voir, monsieur ?

— Oui. J'ai entendu parler de vous et je suis
venu pour vous voir. — Je sais que vous aimez à
être vu.

Le voyageur appuya avec sang-froid sur ces
derniers mots, comme s'il eût voulu prévenir un
sentiment de colère ou une objection qu'il voyait
poindre à travers la graisse et la saleté de la
figure de l'ermite. Ces paroles produisirent leur
effet.

— Ainsi, dit l'ermite après un moment de silence en lâchant les barreaux qu'il avait préalablement tenus, et en s'asseyant sur le bord de la fenêtre, les jambes et les pieds nus, ainsi vous savez que j'aime à être vu ?

Le voyageur chercha des yeux quelque chose pour s'asseoir, et apercevant une bûche de bois dans un coin, il l'apporta près de la fenêtre et d'un air déterminé s'asseyant dessus, il répondit :

— Oui, justement.

Ils se regardaient l'un l'autre et paraissaient se donner de la peine pour se mesurer réciproquement.

— Alors vous êtes venu pour me demander pourquoi je mène ce genre de vie? dit l'ermite en fronçant les sourcils avec colère. Je ne l'ai jamais dit à aucun être humain. Je ne veux pas qu'on me questionne sur ce sujet.

— Certainement je ne vous questionnerai pas, dit le voyageur, je n'ai aucune envie de le savoir.

— Vous êtes un homme grossier, dit M. Mopes l'ermite

— Et vous de même, dit le voyageur.

L'ermite, qui avait évidemment l'habitude d'en imposer à ses visiteurs par l'étrange aspect de sa saleté et de sa couverture, éprouva à la vue de cet inconnu un certain désappointement et une surprise comme s'il eût dirigé sur lui un canon et eût fait feu.

— Pourquoi venez vous ici, en somme? demanda-t-il après une pause.

— Sur ma vie, c'est la question qui vient de m'être faite aussi il y a quelques minutes, même par un chaudronnier.

Comme le voyageur jetait les yeux sur la porte, en disant ces mots, l'ermite tourna les siens dans la même direction.

— Oui, il est couché sur le dos au soleil, en dehors, dit le voyageur comme s'il eût été interrogé sur l'individu en question, il n'a pas besoin d'entrer, car il dit (avec grande raison) : « Pourquoi entrerais-je? je puis voir un homme sale partout. »

— Vous êtes un insolent personnage ; sortez de ma propriété. Allez-vous en ! fit l'ermite d'un ton impérieux et colère.

— Allons, allons ! reprit le voyageur sans se troubler. C'est un peu trop fort. Vous n'allez point me dire que vous êtes propre? regardez vos jambes. Et cette propriété dont vous parlez, est dans un état trop honteux pour que vous en revendiquiez la propriété ou toute autre chose.

L'ermite bondit du rebord de sa fenêtre et se jeta sur sa couche de suie et de cendres.

— Je ne m'en vais pas, dit le voyageur en le regardant, vous ne vous débarrasserez pas de moi par ce moyen. Le mieux est de venir et de causer.

— Je ne causerai pas, dit l'ermite en se roulant pour tourner le dos à la fenêtre.

— Alors c'est moi qui parlerai, dit le voyageur. Pourquoi trouvez-vous mauvais que je n'aie pas la curiosité de savoir pourquoi vous menez une vie si absurde et si inconvenante. Quand je contemple un homme dans un état maladif, certainement il n'y a point pour moi d'obligation morale à m'inquiéter de savoir pourquoi il s'y trouve.

Après un instant de silence, l'ermite, d'un nouveau bond, revint aux barreaux de sa fenêtre.

— Comment? Vous n'êtes pas encore parti? dit-il en affectant de supposer qu'il l'était.

— Point du tout, répondit le voyageur, je me propose de passer ici cette journée d'été.

— Comment osez-vous, monsieur, venir sur mes propriétés? répondit l'ermite.

Mais son visiteur l'interrompit :

— En réalité, vous le savez, dit-il ; il ne faut plus parler de vos propriétés. Je ne peux souffrir qu'un endroit comme celui-ci soit décoré du nom de propriété.

— Comment osez-vous, dit l'ermite en secouant ses barreaux, franchir le seuil de ma porte, et venir me railler comme si j'étais dans un état maladif ?

— Pourquoi, Dieu me bénisse ! reprit l'autre très gravement, pourquoi n'avez-vous pas l'audace de dire que vous êtes dans un état parfait ? Permettez-moi d'attirer votre attention sur vos jambes. Décrottez-vous quelque part avec quelque chose et alors dites-moi que vous êtes en bon état. Le fait est, M. Mopes, que vous n'êtes qu'une peste...

— Une peste ? répéta l'ermite avec fierté.

— Qu'est-ce qu'un endroit dans cet état obscène de décadence, si ce n'est une peste ? Qu'est-ce qu'un homme dans cet état obscène de dégradation, si ce n'est une peste ? Alors, comme vous le savez très bien, vous ne pouvez pas être une peste sans un auditoire, et votre auditoire est une peste.

Vous attirez à vous tous les vagabonds honteux et tous les gueux à dix milles à la ronde, en vous montrant à eux avec cette ignoble couverture, et en leur jetant de la monnaie de cuivre et en leur donnant à boire ce que contiennent ces jarres et ces bouteilles si sales que je vois là (leurs estomacs doivent être solides!)... En un mot, dit le voyageur, en se résumant avec calme et douceur, vous êtes une peste, et ce réduit est une peste, et cet auditoire auquel il ne vous est pas possible de suffire est une peste, et cette peste n'est pas simplement une peste locale, car c'est une peste générale de penser qu'il puisse encore subsister une peste dans la civilisation, si longtemps après son apparition.

— Vous en irez-vous? j'ai un fusil, dit l'ermite.
— Ah! .
— J'en ai un.
— Eh bien, soit! Vous ai-je dit que vous n'en aviez pas? De même pour m'en aller, vous ai-je dit que je ne m'en irais pas? Vous m'avez fait oublier où j'en étais. Je me rappelle maintenant que je vous faisais observer que votre conduite était une peste. Bien plus, c'est le dernier

et le plus bas degré de la folie et une lâcheté.

— Une lâcheté? répéta l'ermite.

— Une lâcheté, dit le voyageur avec la même douceur que tout à l'heure.

— Je suis lâche, moi? insensé que vous êtes! criait l'ermite, moi qui ai tenu à ma résolution, à mon régime, à mon unique lit que voici, pendant tant d'années!

— Plus il y a d'années, plus vous êtes un lâche, répondit le voyageur, bien qu'elles ne soient pas aussi nombreuses qu'on le dit ni que vous voulez le faire croire. La croûte qui recouvre votre figure est épaisse et noire, M. Mopes, mais je puis voir à travers que vous êtes encore jeune.

— Être inconséquent dans sa folie, c'est être insensé, je suppose, dit l'ermite.

— Je le suppose exactement comme vous, répondit le voyageur.

— Est-ce que je cause comme un insensé?

— Il y a de fortes présomptions que l'un de nous deux le soit, si l'autre ne l'est pas. Est-ce l'homme propre convenablement mis ou l'homme sale et indécemment habillé? Je ne dis pas lequel.

— Ours plein de suffisance, répliqua l'ermite, il

ne se passe pas un jour sans que je ne sois fortifié dans ma résolution par les conversations que je tiens ici ; il ne se passe pas un jour sans qu'il ne me soit prouvé, par tout ce que j'entends ou ce que je vois, combien je suis fort et combien j'ai raison de persister dans ma résolution.

Le voyageur, en se plaçant tout à fait à son aise sur sa bûche de bois, tira sa pipe et se mit à la bourrer.

— Or, dit-il, en faisant un appel au ciel, qu'un homme, même abrité derrière des barreaux et drapé dans une couverture, vienne me prétendre qu'il peut voir chaque jour des hommes, des femmes, ou des enfants de tous les rangs, de toutes les conditions, qui trouvent moyen de lui persuader que ce n'est pas la plus insigne et la plus misérable des folies pour une créature humaine que de se mettre en révolte contre toute la société et que ce n'est pas aller trop loin (car c'est un cas extrême que de renoncer à la commune décence humaine) — et que ces gens-là viennent lui démontrer qu'il peut s'isoler de son espèce et abandonner les habitudes de ses semblables sans devenir un triste spectacle propre à réjouir le Diable (et peut-être les singes), voilà quelque chose d'extraordinaire ! Je le répète, insista le voyageur en commençant à fumer, la hardiesse de déraisonner ainsi a quelque chose d'extraordinaire même dans un homme recouvert d'un pouce ou deux de saleté et drapé dans une couverture !

L'ermite le regarda d'un air irrésolu, retourna à son tas de suie et de cendres, et s'y coucha ; puis se relevant, il revint aux barreaux, le regarda de nouveau avec irrésolution, et à la fin lui dit avec mauvaise humeur :

— Je n'aime point le tabac.

— Je n'aime pas la saleté, répondit le voyageur ; le tabac est un excellent désinfectant. Nous nous trouverons donc bien tous les deux de ma pipe. C'est mon intention de passer ici cette belle journée, jusqu'à ce que ce soleil béni d'été se couche à l'occident, et, cela pour vous faire démontrer quelle pauvre créature vous êtes, par la bouche de chaque passant que le hasard pourra amener à votre porte.

— Que voulez-vous dire ? reprit l'ermite d'un air furieux.

— Je veux dire que voici votre porte, que vous êtes là et moi ici ; je veux dire que je suis persuadé qu'il est de toute impossibilité morale que personne puisse venir jusqu'à cette porte de quelque point du globe que ce soit, avec une sorte d'expérience personnelle ou d'expérience due à un autre, et que cette personne soit capable de me confondre et de vous justifier.

— Vous êtes un bravache arrogant et un fanfaron, dit l'ermite, vous vous croyez profondément sage.

— Bah! reprit le voyageur en fumant tranquillement, il y a bien peu de sagesse à savoir ce que tout homme doit être et peut faire, et à proclamer que toutes les créatures humaines sont dépendantes les unes des autres.

— Vous avez des compagnons au dehors, dit l'ermite. Je ne veux pas que vous m'en imposiez par l'ascendant que vous pouvez avoir sur les individus qui peuvent entrer.

— C'est une défiance ridicule, reprit le visiteur, en relevant les yeux avec un air de pitié, défiance qui appartient naturellement à votre état. Je n'y puis rien.

— Voulez-vous dire que vous n'avez point de complices?...

— Je ne veux vous rien dire que ce que je vous ai déjà dit, savoir, qu'il est de toute impossibilité morale qu'un fils ou une fille d'Adam puisse rester sur la terre que je foule et que foulent tous les mortels, en se mettant en contradiction avec les lois salutaires dont dépend notre existence.

— Qu'est-ce que ces lois selon vous? demanda l'ermite en ricanant.

— C'est, répondit l'autre, que, selon l'éternelle providence, nous devons nous lever chaque jour, nous laver la face et faire notre travail quotidien, agir et réagir les uns sur les autres, en laissant seulement l'idiot et le paralytique rester à cligner de l'œil dans un coin. — Allons, ajouta-t-il en apostrophant la porte, Sésame, ouvre toi. Parais à ses yeux et touche son cœur. Je me soucie peu de qui peut venir, car je sais ce qui doit en arriver.

En même temps, il jeta les yeux autour de lui et les dirigea vers la porte; M. Mopes, après deux ou trois bonds ridicules qu'il fit de sa fenêtre à son lit et de son lit à sa fenêtre, se soumit au sort contre lequel il ne pouvait rien; il se plaça sur le rebord de sa fenêtre et se cramponna aux barreaux en regardant au dehors d'un air inquiet.

II

LES OMBRES DU SOIR

La première personne qui parut à la porte était un monsieur qui regarda par hasard à l'intérieur et portait sous le bras un album. A l'étonnement et à l'épouvante exprimés dans son regard et dans ses manières, il était évident que la renommée de l'ermite n'était pas encore parvenue jusqu'à lui. Aussitôt qu'il put parler, il fit observer d'un air apologétique qu'il était étranger à cette contrée, avait été frappé par l'aspect pittoresque des ruines de la cour et des dépendances, et qu'il avait regardé à la porte avec l'idée de ne rien trouver de plus remarquable que des matériaux pour faire une esquisse d'après nature.

Après avoir révélé le mystère de l'ermite à cet étranger bouleversé, le voyageur lui expliqua qu'il désirait, pour animer M. Mopes et la matinée, que les visiteurs qui s'arrêteraient à la porte voulussent bien faire quelques récits tirés de leur expérience personnelle, récits qui seraient très appréciés dans cette triste localité. Tout d'abord, le visiteur ainsi interpellé hésita, non pas tant, comme on le vit plus tard, faute de moyens de répondre à l'appel qui lui était fait, que faute de ressources pour stimuler dans le moment sa propre mémoire. Accédant à la demande du voyageur, il entra presque aussitôt en conversation avec l'ermite.

— Je n'ai jamais vu aucun bien résulter, dit le monsieur, de la résolution d'un homme s'enfermant comme vous le faites. Je connais cette tentation, je l'ai éprouvée et j'y ai cédé moi-même, mais il n'en n'est jamais résulté rien de bon. Toutefois, attendez, ajouta-t-il, en revenant sur ce qu'il avançait, comme un homme scrupuleux qui ne voudrait pas accepter, pour appuyer sa chère théorie le secours du moindre détail faux. Je me rappelle une bonne chose qui résulta d'un certain point de la vie solitaire menée **par** un homme.

L'ermite pressa ses barreaux d'un air de triomphe. Le voyageur, sans se décourager, demanda à l'étranger de mentionner le fait.

— Vous l'entendrez, répondit-il, mais avant de commencer je dois vous dire que la période de mon récit date de quelques années, qu'à l'époque dont je parle je venais d'éprouver un revers considérable de fortune, et que, m'imaginant que mes amis me feraient sentir ma perte si je restais parmi eux, je m'étais déterminé à me cacher dans un endroit solitaire et à mener une vie tout à fait retirée, jusqu'à ce que je pusse recouvrer en partie mes pertes. L'histoire que je vais vous raconter est celle de bonnes actions révélées, de bons instincts excités, d'une bonne œuvre faite, d'un bon résultat obtenu, et le tout par les Ombres du soir.

Je me suis souvent demandé quel langage pouvaient tenir des ombres. Je veux parler des ombres qu'un homme peut du dehors voir dans les fenêtres d'une chambre, ou d'une habitation éclairée : des ombres projetées sur un rideau par les figures qui s'interposent entre lui et la lumière. J'en ai souvent remarqué dans les seigles pendant le service divin, lorsque, me promenant tout autour, je levais les yeux vers les fenêtres; là, j'ai vu les ombres de deux amants lisant dans le même livre d'hymnes; d'enfants jasant ouvertement en se faisant des grimaces, et quelquefois une ombre qui se penchait de temps à autre en avant, en tenant une ombrelle à la mode; puis elle était rejetée en arrière par un autre mouvement, et restait ensuite droite et paisible d'une manière peu naturelle, puis recommençait encore à se pencher; cela m'avait fait supposer qu'on développait le quatrième chapitre d'un sermon en huit points et que l'ombre placée devant moi était celle d'un homme cherchant dans le sommeil un refuge contre l'éloquence du prédicateur.

Parmi le nombre d'ombres qui se sont imprimées dans ma mémoire, il y en a qui la recouvrent sans l'obscurcir ni la refroidir ; d'autres qui sont projetées par des objets si purs et si nobles par eux-mêmes que leur ombre même n'est qu'une clarté un peu affaiblie, et la lumière qui la produit une auréole.

Mon histoire commence à l'époque où, il y a quelques années, je vivais en célibataire dans une rue étroite peu fréquentée de l'un des vieux quartiers de Londres, une de ces rues où des maisons très convenables sont mêlées à des maisons très pauvres. J'occupais dans l'une des plus belles et des plus propres deux pièces : une chambre à coucher et un salon. Ayant alors, comme aujourd'hui, le bruit en horreur quand je travaille, je me servais comme cabinet d'étude de la chambre de derrière, et je couchais sur le devant de la maison qui était très tranquille la nuit et non le jour à cause du trafic de la journée. Mon atelier de peinture était au second et donnait sur le derrière de la maison, et comme il y avait une rue qui venait aboutir en angle aigu à celle que j'habitais, en la rejoignant à quelques toises plus haut, il sera facile de comprendre que les derrières des maisons de cet étroit passage, qui s'appelait avec assez de raison *Cross-Street*, étaient à une distance passablement rapprochée de mon atelier. Si j'ai fait aussi exactement la description topographique de mon habitation, c'est pour que vous soyez à même de concevoir comment il se fit que mon attention se porta sur les circonstances que je vais vous raconter.

Vous comprendrez facilement comment il arriva que, m'occupant, principalement pendant les jours courts, quand l'obscurité commençait à tomber, à regarder d'un air rêveur à ma fenêtre, en pensant à mon travail, mon attention fut souvent attirée presque à mon insu sur quelqu'une des fenêtres de l'étroite rue que j'ai décrite, et comment je me trouvai fréquemment moi-même en contemplation devant quelques-uns des habitants des chambres séparées de la même par un si petit espace.

Il y avait une fenêtre, en particulier, qui, pour une raison ou pour une autre, occupait spécialement ma pensée. Elle était exactement au niveau de la mienne, tout à fait en face. Pendant la journée, bien que le rideau fût relevé autant que possible, je ne pouvais voir qu'une faible partie de la chambre, mais ce que j'apercevais me prouvait que c'était un endroit réellement bien pauvre. La longue habitude de contemplation que mes yeux s'étaient faite, si je puis m'exprimer ainsi, m'avait peut-être donné une tendance à attacher trop d'importance à l'aspect extérieur des objets comme étant un indice de ce qui se passait à l'intérieur. Quoi qu'il en puisse être, je possède cette tendance et je la possède très fortement au sujet des fenêtres. Je pense que les fenêtres d'une maison donnent une grande idée des dispositions, des habitudes et des caractères de ceux qui les occupent. Qui n'a pas senti, en passant près d'une maison dont les fenêtres bien propres sont remplies de fleurs où le blanc mat et vert des arums en se mêlant aux ombres délicates, de couleurs variées, des rangées de jacinthes en fleur, fait un agréable contraste avec l'obscurité du fond de la pièce, qui n'a pas senti que les habitants d'une maison dont les fenêtres sont ainsi ornées sont dans une condition plus calme et plus heureuse que leurs voisins dont le rideau jaune pend déchiré dans tous les sens à une fenêtre d'une malpropreté repoussante ?

Poursuivant alors la théorie que je viens de mettre en avant, on croira facilement que j'avais pris la meilleure idée des habitants de la chambre d'en face par le fait que je pouvais voir, à travers les carreaux inférieurs de la fenêtre, les feuilles et les branches d'un grand « *Fuchsia* » se déployer en forme d'éventail dans une caisse en bois. Il y avait autour de cette pauvre caisse d'autres petites inventions et d'autres ornements qui, quoique du genre le plus simple et le plus modeste, me prouvaient qu'il y avait encore là l'amour du beau et le désir de faire bonne mine contre la pauvreté.

Mais c'est, comme je l'ai déjà dit, vers la brume et dans la soirée que mon attention était le plus souvent fixée sur la fenêtre que j'ai décrite. A ce moment, la chambre étant éclairée, les ombres des objets et des personnes de l'intérieur se projetaient sur le rideau avec tant de clarté et de netteté que ceux qui n'ont jamais observé ces phénomènes auraient eu peine à le croire. Les ombres me disent alors que la chambre est occupée par un mari et une femme, tous deux jeunes, j'en suis certain. L'homme, comme je le devine à sa position et à ce que je prends pour l'ombre d'un écran en papier derrière lequel il se courbe sur son travail, est un pauvre graveur, travaillant comme un nègre, pour lequel les jours n'étant pas assez longs l'obligent à s'attacher à son œuvre pendant plusieurs heures de la nuit. Quand je l'examine au moment où il se relève et redresse la tête pour détendre les muscles de son cou, je vois que l'ombre projetée sur le rideau est celle d'un corps jeune, maigre mais bien fait. La lumière me montre aussi qu'il porte de la barbe : sa clarté est en effet très forte et c'est ce qui me rend plus certain que jamais que c'est un graveur : l'ombre de sa femme est à côté... presque toujours. Comme elle veille et fait attention à lui, comme elle se penche sur sa chaise ou s'agenouille à ses côtés ! A ce moment je ne l'avais pas encore vue, mais je ne pouvais m'empêcher de penser qu'elle était assez jolie et assez bonne pour éclairer une chambre plus obscure encore que celle où elle vivait, et pour rendre la vie pénible de son mari (s'il peut la conserver) non seulement supportable, mais heureuse.

S'il peut la conserver... mais le peut-il ? Son ombre est tout ce que j'ai vu de lui, mais elle ressemble à celle d'un homme de santé délicate. Je ne le perds jamais de vue pendant la nuit, et je puis toute la journée apercevoir le bord du rideau derrière lequel il travaille. « S'il continue ce travail pénible, pensai-je, certainement, comme il arrive dans tous les excès, il manquera son but et finira par devenir incapable de tout. »

Peu de temps après que j'eus commencé à avoir cette crainte, ce que j'avais appréhendé était arrivé. Le jour vint où le rideau ne se tira plus pour éclairer le travail du graveur, mais où il resta baissé toute la journée. Il serait difficile d'exprimer avec quelle anxiété j'attendis le soir et le ombres qui devaient m'en apprendre davantage.

Ce même soir la lumière brûlait dans la chambre comme de coutume ; mais le rideau du graveur ne reflétait pas son ombre. Il n'y avait que l'ombre d'une seule personne, c'était celle d'une femme et, comme le corps que la lumière projetait remuait très doucement, je pus distinguer que cette personne versait des drogues et mêlait les différents ingrédients nécessaires dans la chambre d'un malade. Quelquefois elle s'arrêtait dans ses occupations et regardait vers l'une des extrémités de la chambre où je conclus que le lit était placé, et quelquefois je crus même voir, mais ce n'était peut-être qu'un effet de mon imagination, qu'en regardant toujours dans la même direction, ses lèvres remuaient et qu'elle parlait. Je la voyais goûter la potion qu'elle préparait, la tête un peu penchée, puis la secouer et la goûter encore avant de la porter, en traversant la chambre, à l'endroit où, j'en étais sûr, était couché son mari malade, tant les ombres peuvent nous en conter. — De ma fenêtre de devant, je voyais la rue s'étendre à droite et à gauche jusqu'au coin où l'on trouve chaque matin à déjeuner de bonne heure en une assez pauvre échoppe, faisant peu d'affaires, à ce que je pense, affaires toutefois auxquelles je m'intéresse si vivement que ma première action de la journée est d'aller à la fenêtre pour voir si le pauvre vieux propriétaire a quelques pratiques. Une fois même je pris une veste de pilote et un chapeau à large bord pour me donner l'air d'un marin, et je demandai une tasse de café que je trouvai assez naturel, quoiqu'un peu graveleux et peut-être un peu léger. Assez là-dessus. J'aperçois aussi une rue aboutissant à ce cabaret et une autre, à peu près à égale distance. Par derrière, je domine le coin d'une place, deux « écuries », et, en me disloquant le cou, une faible partie de Brewer-Street et de Golden Square. Maintenant dans toutes ces régions qui se trouvent continuellement sous mes yeux, j'ai remarqué un personnage allant et venant constamment et qui paraît, sans jamais y manquer, sur la scène chaque jour de l'année et à chaque heure du jour. C'est un grand monsieur d'environ trente-cinq ans, un peu courbé et voûté, portant des lunettes, toujours vêtu d'une redingote noire boutonnée, ayant l'air toujours affairé, attendu avec anxiété dans les maisons qu'il visite et toujours accompagné à sa sortie par quelqu'un qui lui demande avec empressement en quel état il laisse les gens qu'il vient de visiter, et qui semble chercher une consolation dans ses traits impassibles. Naturellement je n'eus pas observé longtemps les façons de ce monsieur sans arriver à la conclusion que c'était M. Cordial, le médecin de la paroisse, dont la pharmacie est dans la rue de Great-Pulteney où je passe si souvent.

Si j'avais eu quelques doutes sur l'état de choses de la maison d'en face, ils se seraient entièrement dissipés le lendemain de la soirée où j'avais observé la femme du graveur dans ses fonctions de garde-malade, quand j'entrevis à une lueur douteuse la tête de ce monsieur (déjà bien chauve pour un homme si jeune) à travers les fenêtres de la chambre d'en face où il était venu préparer une potion quelconque.

— Il se passe ici de jolies choses, pensai-je en moi-même. C'est justement ce que je craignais. Voici un pauvre homme au lit, hors d'état de travailler, et probablement non seulement malade de corps, mais l'esprit tourmenté en songeant qu'aussi longtemps que durera sa maladie, il ne viendra pas d'argent chez lui pour subvenir aux dépenses journalières que, malgré leur extrême pauvreté, sa femme et lui sont dans la nécessité de faire. — Je réfléchissais sur ce sujet et je cherchais à approfondir, par tous les moyens possibles, comment des gens peuvent être assez malheureux ou assez peu sages pour recourir à tant d'expédients afin de se suffire ; et j'étais tellement occupé de ce qui se passait dans la chambre d'en face que dans l'après-midi je fus obligé de faire une promenade, afin d'employer le temps qui devait nécessairement s'écouler avant qu'on allumât la lampe, et que les ombres se projetassent sur le rideau. Quand je revins de cette promenade j'avais une impatience tellement grande de ces nouvelles silencieuses que je pouvais raisonnablement espérer obtenir, que je ne m'arrêtai pas à allumer ma bougie, mais que je me dirigeai aussi bien que je pus à travers la chambre et me mis à la fenêtre.

D'abord je pensai qu'il n'y avait point d'autres ombres se reflétant sur la blancheur transparente du rideau que celles des pauvres morceaux de tapisserie et de la fleur qui s'épanouissait et dont j'ai parlé plus haut. Mais peu à peu, en observant une petite ombre qui remuait continuellement, mêlée à celle de la tapisserie, et remarquant qu'elle se levait et s'abaissait vivement et régulièrement, je la reliai sur le champ avec une autre masse d'ombre placée un peu en arrière et j'arrivai à conclure que cette dernière était projetée par une tête de femme et l'ombre mouvante par sa main quand elle s'élevait et s'abaissait en travaillant à l'aiguille. Je ne fus pas longtemps sans avoir la certitude que mon hypothèse était fondée; car peu après que l'ombre de la main s'était arrêtée et que celle de la tête s'était relevée, comme si la personne dont la silhouette se reflétait sur le rideau était occupée à écouter, elle se leva et je vis l'ombre bien connue de la femme du pauvre graveur ; je sus ainsi qu'elle s'était dirigée vers le bout de la chambre où, d'après ma supposition, était placé le lit dans lequel gisait le malade.

Pendant la plus grande partie de cette soirée, tout en veillant, comme je fus fréquemment interrompu dans mes observations, je ne distinguai point d'autres ombres que celles que je viens de citer. Mais, vers neuf heures, je vis une autre ombre passer devant le rideau, et comme c'était celle d'un homme, j'eus un moment l'espoir qu'elle était produite par le pauvre malade. Cela ne dura qu'un moment, un second regard me convainquit que la personne ne portait point de barbe et qu'il y avait un plus grand volume sombre que celui qui pouvait être projeté par le pauvre graveur. Je conclus bientôt que c'était le docteur et, si j'avais eu quelques doutes à cet égard, ils eussent disparu aussitôt, car je remarquai au même moment l'angle du coude produit par l'ombre d'un homme qui se tenait devant la lumière, occupé à verser quelque chose dans ce que, d'après sa forme, je supposai être une tasse à thé.

Et cela deux fois en un jour. Il était donc assez

malade pour que le médecin vînt le voir deux fois le même jour.

Ma détermination fut arrêtée aussitôt que j'eus fait cette réflexion. J'étais arrivé à prendre un vif intérêt à cette situation et à éprouver beaucoup d'incertitude, état que je pouvais difficilement m'expliquer. Je ressentais un étrange désir d'en savoir davantage, et je résolus (on ne pouvait attendre une semblable résolution que d'un homme devenu à moitié fou, à force de vivre seul) de sortir à l'instant et de surprendre le docteur à sa sortie de chez son malade et de le questionner à ce sujet.

J'avais perdu un peu de temps à réfléchir et, quand je jetai un regard à la hâte avant de quitter ma chambre, je ne vis plus d'ombre sur le rideau; cependant il était raisonnable de supposer que je pourrais encore rejoindre le docteur dans la rue; aussi sortis-je en toute hâte.

Précisément le docteur venait de sortir du n° 4 de Croos-Street. Combien j'étais heureux d'être arrivé là à temps!

Je trouvai le médecin de la paroisse très peu communicatif et peu disposé à prendre la maladie et la souffrance à un point de vue romanesque. C'était un assez brave homme, sans doute, mais sec et froid. Il avait vu tant de maladies et de misères qu'il s'y était habitué. Il répondit cependant avec politesse à toutes mes questions, quoiqu'elles parussent le surprendre beaucoup.

— Ne venez-vous pas, lui demandai-je, de visiter un pauvre malade dans cette maison?

— Oui, me répondit-il, il a une bien mauvaise fièvre.

— C'est un ménage qui habite le second étage?
— Oui.
— Y avait-il des signes d'une grande misère?
— Oui, d'une bien grande.
— Ils n'ont pour vivre que le produit du travail du mari?
— Rien autre chose.
— Et il est complètement hors d'état de travailler?
— Telle est la situation.
— Ah! je m'en doutais! Seriez-vous assez bon, docteur Cordial, pour vous charger de cette petite somme (elle était très minime en effet) et pour

la remettre à ces pauvres gens sans dire par quelle voie elle vous est venue.

Le docteur me le promit et j'allais partir quand je songeai à lui demander le nom du pauvre malade.

— Il se nomme Adam, me dit-il ; et là-dessus nous nous séparâmes.

J'éprouvai alors un véritable sentiment d'affection en regardant mes pauvres ombres d'en face, comme si elles m'eussent appartenu, et je me mis à les examiner avec plus d'ardeur que jamais. Malheureusement en ce moment je n'avais qu'un seul effet d'ombre à observer, qui me jetait dans une grande perplexité. La femme du malade se tenait de temps en temps devant la lumière, et, à ce qu'il me semblait du moins, prenait quelques objets d'habillement ou autres vêtements de drap et les examinait à la dérobée; quelquefois je m'imaginais que l'objet qu'elle tenait devait être une chemise, un manteau, ou un pantalon. Après cela elle disparaissait et je remarquais toujours que la lampe alors était tournée de façon à ce que la lumière fût très faible, et elle restait ainsi un laps de temps considérable. Je ne pouvais comprendre alors ce manège, comme je le fis plus tard. Elle s'assurait de l'état de divers objets d'habillement, avant d'aller les engager.

Je commençais alors à m'apercevoir des tristes conséquences de ma vie solitaire. Quoique j'eusse donné au docteur une petite somme pour venir en aide à ces pauvres gens, il m'était tout à fait impossible, dans la situation gênée où je me trouvais, de donner davantage. Si j'avais eu le courage de rester entouré d'amis, j'aurais toujours trouvé l'un ou l'autre parmi eux, que j'aurais pu intéresser à mes pauvres ombres, tandis que maintenant il ne fallait pas y songer. Et même lorsqu'il me vint à l'idée de renouer mes anciennes amitiés dans ce but, la crainte que celui que je voudrais intéresser à cette bonne œuvre s'imaginât que j'avais besoin d'assistance pour moi-même me fit aussitôt renoncer à ce projet.

Pendant que j'avais l'esprit ainsi occupé, je me ressouvins tout à coup d'un individu avec qui je croyais réellement n'avoir pas à craindre les mêmes difficultés.

C'était un certain M. Pycroft, un graveur sur métaux avec qui j'avais eu autrefois des relations commerciales; c'était un vieillard; il était arrivé qu'une fois dans ma vie j'avais été en état de lui rendre un service, ce que j'avais fait. Il y avait quelque chose dans son âge, dans sa position, dans nos relations antérieures, qui me donnait plus d'assurance pour l'aborder que tout autre. C'était un vieux garçon, bon gros réjoui, et autant que j'avais été à même de le juger, il m'avait paru doué d'un bon naturel.

Pourtant il y avait une circonstance se rattachant à son histoire, qui semblait montrer son caractère sous un jour moins favorable. Ce souvenir me fit un peu hésiter à m'adresser à lui. J'avais entendu dire que peu de temps avant cette époque il avait montré une grande sévérité envers son fils aîné qui s'était marié contrairement à sa volonté. Pour le punir, son père l'avait privé de sa part dans les affaires et il le laissait gagner sa vie à la garde de Dieu. Le fait est que le vieillard avait éprouvé une cruelle déception en renonçant au doux projet d'unir son fils à la fille de son associé, et ce qui mettait le comble à sa colère, c'est que le choix que son fils avait fait lui déplaisait beaucoup pour des raisons particulières.

Je soupçonnai aussi que le fils cadet avait excité le mécontentement du père en exagérant les mauvais sentiments du fils rebelle; il ne s'était pas contenté de s'être fait la part du lion en succédant à son frère, dans les affaires, mais avait épousé celle qu'il avait dédaignée. Lorsque je fus au fait de ces circonstances, je ne pus m'empêcher de penser que le plus jeune fils avait très mal agi, en aigrissant l'esprit de son père. Malgré tout, le vieux Pycroft était la seule personne à laquelle je pusse m'adresser pour aider mes ombres malheureuses. Il me semblait que si je pouvais arriver à gagner ses sympathies par les mêmes moyens qui avaient éveillé les miennes, c'est-à-dire par les ombres, ce moyen serait préférable à tout autre.

J'avais souvent promis autrefois à M. Pycroft de lui montrer ma collection de gravures à l'eau-forte de Rembrandt; cela me parut un bon prétexte pour me présenter chez lui. Ainsi, en lui rappelant nos anciennes relations, j'allai voir mon ancienne connaissance, et dans le courant de la conversation je l'invitai à venir chez moi voir ces curiosités en lui annonçant que nous arroserions ce agréable travail avec un verre de grog. Exact au rendez-vous, M. Pycroft arriva à l'heure désignée; nous passâmes assez bien les premiers moments, ce qui ne m'empêcha pas de ressentir quelques inquiétudes à l'égard de mon projet.

Après avoir examiné les gravures, au second verre de grog M. Pycroft commença à me railler sur ma manie de vivre dans un tel dédale de rues, et me demanda si je ne trouvais pas que l'air y manquait.

— Par exemple, lui dis-je. Et j'avoue que je fus coupable d'un peu de dissimulation, car je parlai de l'affaire comme si elle n'était d'aucune importance. — Par exemple, monsieur Pycroft, vous ne pouvez vous imaginer combien d'agréments je trouve à observer mes voisins de l'autre côté de la rue, ceux précisément que vous trouvez trop rapprochés de mes fenêtres.

— Si vous vouliez abandonner votre genre de vie solitaire, répliqua M. Pycroft, vous trouveriez bien d'autres choses pour exciter votre intérêt, que les affaires de gens que vous ne connaissez pas du tout.

— Tenez, là, continuai-je à dire, sans faire

attention au sentiment qu'il exprimait, et en tirant mon rideau, pour lui indiquer la chambre habitée par mon pauvre jeune couple, — voilà une fenêtre qui m'a révélé toutes sortes de choses intéressantes ; assez, je vous assure, pour composer une histoire !

— Comment, cette fenêtre en face? Vous trouvez donc, Marius B..., que c'est une chose convenable, de regarder dans la chambre des gens, de cette manière?

— Je m'abstiens scrupuleusement d'une telle indiscrétion, lui répondis-je, et j'ai fait toutes ces observations avec le rideau baissé comme vous le voyez maintenant.

— Avec le rideau baissé ? Mais comment donc avez-vous réussi à faire quelque observation le rideau baissé?

— Au moyen des ombres des habitants de l'appartement, répondis-je.

— Des ombres? s'écria Marius Pycroft, d'un ton évidemment incrédule ; vous ne voulez pas me dire que vous pouvez distinguer ce qui se passe dans cette chambre par le moyen des ombres sur le rideau?

— Je distingue un peu ce qui s'y passe, et bien assez, en tout cas, pour m'intéresser au sort de ceux à qui appartient la chambre.

— Vraiment, monsieur B..., si une autre personne que vous m'eût dit cela, je l'aurais cru impossible.

— Voulez-vous voir par vous-même, lui dis-je; j'ose affirmer qu'avant peu, il y aura quelque chose qui vous donnera une occasion de juger de la vérité de ce que j'avance.

— Bien, mais sans douter du fait, répliqua mon hôte, j'aimerais à m'en assurer.

M. Pycroft était assis près de la croisée, mais la lampe qui me servait à lire était sur la table et rendait la chambre presque trop éclaircie pour nos observations. Je poussai la table à l'autre bout de la chambre, je descendis la mèche de la lampe et baissai l'abat-jour.

— Bien, dit M. Pycroft, je ne vois rien qu'un blanc et une lumière derrière.

L'ombre de la tête de la petite femme se voyait dans un coin du rideau et l'ombre de la main s'élevait et retombait comme d'habitude, mais M. Pycroft n'avait pas l'œil assez exercé pour découvrir de telles choses ; je les lui indiquai du doigt.

— Maintenant que vous me l'avez indiqué, je vois quelque chose qui s'agite en s'élevant et en s'abaissant ; mais sans votre aide, je ne m'en serais pas aperçu. Attendez ! voilà une ombre qui couvre presque en entier le rideau. Qu'est-ce que c'est ?

— Je pense que c'est l'ombre de la même personne, répondis-je. Elle va venir plus près de la fenêtre, tout à l'heure, et s'éloigner de la lumière, et vous la verrez.

Au bout d'une minute ou deux, l'ombre reparut, mais pas si grande.

— Maintenant, dit mon ami, je puis la distinguer. C'est l'ombre d'une femme. Je vois les contours de sa taille, et la jupe de sa robe.

— Pouvez-vous distinguer sa figure ? demandai-je.

— Oui, elle est tournée et regarde à gauche ; maintenant elle n'est plus là, ajouta-t-il un moment après.

L'ombre reparut au bout de quelques minutes sur le rideau.

— Que fait-elle maintenant? demandai-je à M. Pycroft.

— Ah! c'est vous qui allez me le dire.

— Eh bien! il me semble qu'elle tient un petit objet dans la main, et qu'elle le secoue.

— Et maintenant que fait-elle? lui demandai-je encore.

— Je ne puis pas bien distinguer; les coudes sont relevés, les mains le sont également. Mais je ne sais pas du tout ce qu'elle fait.

— Moi, je crois qu'elle verse quelque chose, lui dis-je.

— Probablement, dit mon hôte, qui évidemment commençait à s'intéresser à cette scène muette.

— Attendez, continua-t-il après une pause, et en regardant avec inquiétude, — elle secoue quelque chose.

— Ce doit être quelque médicament?

— Je le crois.

— Y a-t-il là quelqu'un de malade?

— Oui, c'est son mari, répondis-je.

— Est-ce que c'est l'ombre qui vous a dit cela aussi?

— Oui, autrefois l'ombre de son mari paraissait

sur le rideau aussi souvent que la sienne. Maintenant je ne la vois jamais, mais elle est remplacée par l'ombre du médecin.

— Et je vous prie, demanda M. Pycroft de l'air de quelqu'un dont la crédulité se révolte, je vous prie de vouloir bien me dire, comment vous avez su que c'était l'ombre d'un *médecin?*

— C'est parce que le Dr Cordial a le dos le plus rond que vous ayez jamais vu de votre vie, lui répondis-je.

— Ah! bien, cela est vraiment fort curieux, dit le vieux graveur de cuivre, dont l'intérêt s'éveillait évidemment très fort.

Pendant que nous regardions, la lumière fut emportée tout à coup, et laissa la chambre dans une obscurité complète.

— Que supposez-vous qu'il soit arrivé, maintenant? demanda mon compagnon.

— Je suppose que la femme a quitté la chambre pour peu de temps. Nous verrons mieux tout à l'heure.

Presque au même instant la lumière reparut et une autre ombre que celle de la petite femme était dans la chambre avec elle.

— Le médecin? dit M. Pycroft.

— Oui! m'écriai-je d'un cri de triomphe.

— Vous voyez comme il est facile de faire des découvertes au moyen des ombres; vous êtes déjà bien habile!

— C'est vrai, il a le dos très rond, dit le vieux graveur.

L'ombre au dos rond diminua graduellement en se dirigeant vers le même côté où disparaissait souvent l'ombre de la femme. Le rideau blanc resta pendant quelques instants sans ombre.

— Je suppose qu'il examine le malade maintenant, dit M. Pycroft; le voici, ajouta-t-il une minute après.

Mais le docteur était si près de la lumière, et nous tournait si complétement le dos, qu'il nous était impossible de voir ce qu'il faisait. Cela arrive naturellement souvent ainsi avec les ombres.

Peu après l'ombre du médecin fut rejointe par celle de la femme du malade. Puis toutes les deux s'arrêtèrent pour causer ensemble, au moins il était raisonnable de le supposer.

— Il lui donne sans doute son ordonnance, dit le vieillard.

— C'est très probable, répondis-je.

— Je pense qu'il est très malade, dit mon compagnon ; puis il y eut une pause.

Les ombres se tenaient toujours près de la table. Enfin le médecin donna quelque chose à la femme du graveur ; et tout de suite après la lumière disparut. Probablement pour conduire le docteur et éclairer l'escalier.

— Ils sont donc bien pauvres? dit M. Pycroft en se parlant à lui-même.

— Ils n'avaient rien que ce que le mari gagnait, lui répondis-je. Et maintenant le voilà trop malade pour rien gagner pendant plusieurs semaines.

La lumière reparut et montra l'ombre de la petite femme qui paraissait s'attarder près de la table après s'être assise ; son corps resta immobile pendant longtemps. Puis nous remarquâmes que sa tête était tombée en avant et que la figure cachée dans les mains indiquait l'angoisse d'un chagrin silencieux.

Nous ne parlions ni l'un ni l'autre. En cet instant je baissai le rideau de ma propre fenêtre, car je sentis que c'était là un de ces chagrins auxquels un spectateur n'a pas le droit de s'initier.

Bientôt après, mon vieil ami se leva pour s'en aller et nous ne prononçâme pas un mot sur ce que nous venions de voir. Avant de me coucher, je regardai pourtant encore une fois à ma fenêtre. La jeune femme était à sa place ordinaire et l ombre de sa main s'élevait et retombait comme de coutume. Elle travaillait encore.

Le lendemain, à la première levée de la poste, je reçus une lettre de M. Pycroft qui contenait un peu d'argent. Il me disait qu'il avait beaucoup pensé à ce qu'il avait vu, et qu'il me demandait de faire parvenir cet argent au jeune couple auquel je m'intéressais.

Il me priait aussi de lui donner de temps en temps des nouvelles des ombres.

Je remis l'argent au docteur Cordial, le priant d'en faire l'usage qui lui semblerait le meilleur, sans rien dire de la source d'où il venait. Je le priai aussi de me tenir au courant de l'état de son malade; je transmettrais ensuite ce que j'apprendrais au vieux graveur sur cuivre.

Pendant quelques jours je n'eus rien de nouveau à lui communiquer, car les ombres ne me révé-

.èrent rien de plus que ce que j'avais observé. L'ombre du pauvre graveur ne se voyait toujours point et celle de sa femme était constamment dans le même coin, quand elle pouvait gagner un peu d'argent avec son aiguille ou qu'elle allait et venait dans la chambre pour soigner son mari. Enfin la fièvre atteignit la crise qui devait, selon le médecin, sauver ou tuer le malade...

Pour rendre mon histoire aussi courte que possible, je ne m'appesantirai pas sur les détails de cette période de craintes et d'espérances ; la jeunesse du malade permit à sa constitution de triompher et, après cette crise, il commença à aller mieux. Une longue convalescence suivit et le temps arriva où, un soir, l'ombre d'une taille amaigrie passa lentement devant la lumière, et je pouvais voir qu'elle était accompagnée de l'ombre bien connue de la petite femme. Le malade sortait de son lit pour s'asseoir près du feu.

Naturellement je fis connaître à mon ami le graveur tous les détails de l'amélioration survenue dans la santé de notre malade. Je le tins au courant de tout jusqu'au moment où il fut assez bien rétabli pour travailler un certain nombre d'heures chaque jour, afin de subvenir à ses besoins et à ceux de sa femme.

— Ils sont très reconnaissants à l'am. inconnu qui les a aidés dans leur malheur! dis-je à mon ancienne connaissance quand je lui annonçai cette bonne nouvelle.

— Oh! quel enfantillage, ce n'est rien, rien du tout, s'écria le vieillard en cherchant à abandonner ce sujet.

— Aussi, désirent-ils beaucoup le remercier, continuai-je résolument et personnellement; s'il daignait se faire connaître, ce serait pour eux une douce joie.

— Non, non, pour rien au monde, s'écria le vieux graveur. — Non, mon cher, c'est impossible; tenez, voici une bagatelle pour eux. Mais toutefois j'aimerais à revoir les ombres, comme nous les avons vues autrefois, vous savez; quelque soir je viendrai prendre un grog avec vous et nous les observerons.

Je fus obligé de le satisfaire et, ayant pris rendez-vous pour le lendemain, je le quittai et rentrai au logis.

Le soir indiqué étant venu, il y avait grand mouvement dans la chambre tranquille d'ordinaire. On voyait le corps de la jeune femme qui passait çà et là devant et derrière la lumière, comme si elle s'occupait à mettre de l'ordre dans la chambre. Suspendue au milieu de la croisée et si près du mince store blanc que je pouvais la voir distinctement, était une cage qui contenait un oiseau, et c'était grâce à la présence de cet objet que j'avais pu me former une idée de ce qu'étaient mes deux amis d'en face, quand l'un d'eux approchait de la cage, comme quelquefois cela arrivait pour encourager à gazouiller celui qui l'occupait; je pouvais voir le profil de la personne qui parlait à l'oiseau, tracé aussi distinctement que les silhouettes des vieux portraits noirs découpés que les artistes ambulants font voir dans les foires.

Toutefois, par moment, quand le graveur ou sa femme étaient assis près de la croisée, et parmi la lumière, je ne pouvais distinguer qu'une masse informe, et lorsque l'un des deux approchait de la lumière, leurs ombres paraissaient si gigantesques que tout l'espace de la fenêtre, qui était extraordinairement grand, était complètement obscurci même par une seule personne. Je dois répéter ce que j'ai déjà dit : que les occasions étaient très rares où je pouvais découvrir ce que les ombres faisaient ; les cas dans lesquels je pouvais déterminer qu'elles étaient occupées à mêler des breuvages, à verser des médicaments et autres choses semblables, ne se présentaient que lorsque les objets nécessaires à l'opération se trouvaient posés sur quelques meubles placés près de la croisée.

Ponctuel au rendez-vous, mon vieil ami le graveur fit son entrée et, après les compliments d'usage, la première question qu'il me fit, fut :

— Eh bien, comment vont les ombres ?

Je lui mis une chaise à sa place ordinaire et nous nous assîmes tous deux. L'agitation et le mouvement qui m'avaient averti qu'on allait et venait dans la chambre en face, étaient toujours remarquables, et je ne mettais pas en doute qu'on était en train de nettoyer l'appartement. L'apparition sur la scène d'une ombre mince et étroite, armée d'un balai qui était en activité de service, vint renforcer cette conviction. Je ne dois pas oublier de dire qu'au moment d'une certaine pause dans les mouvements du balai, l'ombre du pauvre graveur se dessina distinctement sur le store. Il s'était rapproché de la fenêtre pour mettre une branche de seneçon entre les barreaux de la cage.

A cet instant je remarquai que la figure de mon visiteur changea. Il se leva de sa chaise en regardant en face d'un air empressé, et dit d'un ton étrange :

— Comment avez vous dit qu'ils s'appellent, ces gens?

— Adams, lui répondis-je.

— Adams, en êtes-vous bien sûr?

— Oui, très sûr.

L'ombre n'était plus visible et je remarquai que pendant un temps considérable M. Pycroft parut profondément absorbé. Nous parlâmes de plusieurs choses étrangères à ce sujet que j'avais à cœur. Enfin il me dit :

— Ils semblent être assez tranquilles maintenant.

— C'est probable, lui répondis-je, maintenant que les chambres sont nettoyées, ils se seront mis à table pour prendre un petit repas.

Vous croyez? demanda le graveur.

— Il est bien probable qu'ils se seront procuré

quelques petites friandises, fournies par votre générosité.

— Vraiment, vous pensez? dit le vieux Pycroft qui avait une véritable idée du confortable. Que pensez-vous qu'ils aient sur la table! Je voudrais bien que les ombres vinssent à passer pour me l'apprendre.

Je profitai de l'occasion pour lui dire que les ombres n'entraient pas dans ce détail. Et j'ajoutai :

— Pourquoi ne voulez-vous pas traverser la rue le soir en chair et en os. Je suis sûr que votre visite rendrait leur souper meilleur.

Le vieillard venait de vider un verre de grog chaud. Il était en bonne humeur. Ses yeux commençaient à briller, et un sourire paraissait au coin de sa bouche.

— Ce ne serait pas mal amusant, n'est-ce pas ? dit-il. Je ne demande pas mieux.

Un instant après nous étions en route pour le n° 1.

Il y avait sur le pas de la porte une petite fille, avec un pot de bière à la main ; à peine nous avait-elle vus qu'elle nous dit :

— Veuillez, messieurs, avoir la bonté de sonner au deuxième étage.

— Au deuxième ? lui dis-je en souriant.

— C'est chez M. et madame Adams, n'est-ce pas ?

— Oui, monsieur, c'est mon père, dit la petite fille, qui évidemment considérait ce couple comme ne faisant qu'un.

Il me semblait extraordinaire que je n'eusse jamais vu l'ombre de l'enfant sur le store.

— Bien, ma petite, je désire le voir, ainsi que ce monsieur.

— Ah ! mais vous ne pouvez pas le voir, monsieur, dit la petite fille qui, par parenthèse, avait l'air d'être une petite mégère précoce, car mon père est à table et il y a un poulet pour le souper. Mon père a été malade, vous ne pouvez pas le déranger maintenant qu'il va un peu mieux, vous ne pouvez pas entrer.

— Veux-tu te taire, mademoiselle, dit une voix à ce moment. Permets que je parle à ce monsieur.

Je relevai la tête, et je vis que la porte avait été ouverte par une femme d'une grande taille ayant un énorme nez.

— A qui désirez-vous parler, monsieur ? demanda-t-elle d'un ton hypocrite qui m'était très désagréable.

Je lui dis brièvement qui nous étions et quel était le but de notre visite.

— Oh! quelle joyeuse surprise, dit la grande femme; montez bien vite, Lizzie, continua-t-elle en s'adressant à l'enfant, et dites à votre père que le bon monsieur qui l'a aidé pendant sa maladie vient le voir. Je suis sa femme, mes bons messieurs (c'était l'ombre qui m'avait tant intéressé dans la chambre), je suis sa pauvre femme qui l'ai soigné pendant sa maladie, et prenez garde dans l'escalier, mes bons messieurs. Voilà la chambre, messieurs. Voilà une joyeuse surprise, James, voici les messieurs qui ont été si bons pour vous tout le temps que vous avez été malade.

— Veuillez bien vous asseoir, messieurs, dans notre pauvre chambre.

J'étais frappé comme d'un coup de foudre. Un petit homme à l'air commun était assis à une table sur laquelle était placé un poulet rôti, un morceau de lard et quelques pommes de terre; il portait les traces d'une maladie récente, et à notre entrée il se leva avec un peu d'effort. Il reprit son siège cependant, tandis que moi et mon compagnon nous nous assîmes. Je pris une chaise comme j'aurais pris n'importe quoi, dans ma première surprise et mon bouleversement.

Je regardai encore sa femme ; comment ! était-ce la réalité de cette jolie petite ombre que je connaissais si bien ? Etait-ce possible que cette grande forme gauche pût être elle ? Les ombres pouvaient-elles être si trompeuses ? Est-ce que l'on pouvait me persuader que ma voisine d'en face avait un nez pareil à celui que je voyais maintenant ? Est-ce qu'il ne serait pas ressorti en relief sur le rideau et n'aurait pas laissé de trace dans ma mémoire, chaque fois qu'elle s'était approchée de la fenêtre ?

Le mari ? ce n'était pas non plus mon pauvre graveur, celui qui, assis là, était un homme inoffensif, plein de reconnaissance pour mon compagnon, et exprimant sa gratitude en paroles maladroites.

Sans doute, c'était un petit homme doux et tranquille, l'opposé de sa femme, mais toujours est-il qu'en lui je ne retrouvais pas mon graveur. Pendant tout ce temps, même pendant que son mari parlait, la grande femme continuait de laisser couler un flot de reconnaissance de la nature la plus lumineuse auquel le vieux monsieur ne répondait pas un mot, car il était aussi peu préparé que moi à voir ces caricatures représenter nos ombres. Bref, nous n'avions pas proféré une seule parole à l'exception de quelques mots pour nous informer de la santé du malade, dès que nous étions entrés dans la chambre.

Tout à coup il me vint à l'esprit qu'il devait y avoir quelque méprise. Depuis quelque temps je regardais fixement la petite fille que nous avions rencontrée sur le pas de la porte, et pour lui rendre justice, je dois dire qu'elle n'était pas en arrière vis-à-vis de moi. Il me semblait extraordinaire que mon attention n'eût jamais été attirée par son ombre, puisqu'elle était plus grande que l'allège de la fenêtre. Mes yeux, en comparant la jeune fille et l'allège de la fenêtre, s'étaient dirigés vers le fond de la chambre et je m'aperçus qu'il n'y avait pas de cage suspendue à la croisée.

— Bon Dieu ! m'écriai-je, vous avez ôté la cage.

— La cage, monsieur? répéta avec déférence la femme en pleurnichant.

— Mais nous n'avons point de cage d'oiseaux, s'écria la petite fille du pas de la porte, nous n'en avons jamais eu, ni d'oiseau non plus.

— Veux-tu bien te taire, mademoiselle? interrompit la mère.

Il y eut une pause pénible ; je regardai de nouveau autour de la chambre, je regardai la femme et le mari. Je remarquai qu'il ne portait point de barbe. Cependant j'eus assez de présence d'esprit pour ne pas faire de questions sur ce manque d'ornement comme j'avais fait pour la cage, mais je résolus de m'assurer de la vérité en m'approchant de la fenêtre dont je tirai le store en disant pour m'excuser : « Vous devez être bien renfermés ici derrière ces maisons. N'est-ce pas, c'est un peu malsain ?

Il s'ensuivit une longue réponse au sujet des petits logements abrités, de leurs avantages et de leurs désavantages. Mais je n'entendis rien. Je cherchais ma propre fenêtre, la maison en face.

J'avais laissé ma lampe allumée, mon store à demi tiré. La fenêtre exactement en face de celle par laquelle je regardais était fermée et abritée par des persiennes. En allongeant le cou dans une direction oblique vers la première des maisons en face, je vis qu'au second étage la fenêtre était éclairée et que le store était à demi tiré.

— Votre souper se refroidit, dis-je en me rapprochant de la table et en échangeant un regard significatif avec mon compagnon, mon ami et moi désirions seulement entrer voir comment vous alliez, et maintenant nous vous quittons pour que vous fassiez justice de votre poulet, plus tranquillement que si nous restions là.

Nous sortîmes, et M. Pycroft, qui était demeuré muet tout le temps que nous étions restés dans la chambre, ne cessait de répéter tout haut :

— Ces gens-là ! Nous nous sommes trompés.

. La grande femme cependant était trop loquace elle-même pour entendre ce que nous disions, et pendant tout le temps qu'elle nous avait éclairés sur l'escalier, elle n'avait pas cessé un seul moment de nous témoigner sa reconnaissance.

Lorsque nous fûmes dans la rue, je regardai mon compagnon en face, et lui dis :

— Dans tous les cas, c'est une consolation de penser que vous avez secouru des gens qui étaient dans le malheur ; mais il est évident que tout ce que vous avez donné a été porté à la famille que nous venons de visiter !

— Et comment cela est-il arrivé ? demanda mon vieil ami.

— Je ne puis imaginer qu'une chose, c'est que je me suis trompé. Il paraît qu'il y a deux malades au second étage des deux maisons qui sont en face de la mienne, et lorsque j'ai vu le médecin, il venait de quitter le brave homme dont le souper a été fourni par votre bonté, tandis que je pensais qu'il sortait de chez nos pauvres ombres.

— Et les ombres? dit M. Pycroft d'un air agité.

— Par suite de mon fâcheux malentendu, elles n'ont pas reçu un seul shelling.

M. Pycroft me regarda fixement d'un air étonné.

— Nous ne pouvons pas laisser cette affaire comme cela, me dit-il enfin. Pensez-vous que vous pouvez être certain de la maison cette fois?

— Je comprends bien que vous vous méfiez de moi, mais voici sans doute la maison, dis-je en regardant le n° 5.

— Terminons donc l'affaire, dit-il brusquement.

Un instant après nous sonnions à une porte qui nous fut ouverte par une femme mal mise.

— Est-ce ici le deuxième du second étage? lui dis-je d'un ton mielleux.

— C'est ici le devant de la maison, me dit-elle avec une expression désagréable. Vous auriez dû sonner à la porte à droite.

Je m'excusai en termes humbles, et la femme déguenillée s'adoucit un peu.

— Ces gens-là qui logent au deuxième sur le derrière y sont, et si vous voulez monter, messieurs, je vous éclairerai.

Nous profitâmes de cette offre, et la femme nous indiqua la porte à laquelle nous devions frapper, en ouvrant en même temps la porte de sa chambre d'où s'échappait une telle odeur d'oignons que cela me fit venir les larmes aux yeux. Elle disparut dans cette vapeur parfumée et se renferma. Ma curiosité était alors puissamment excitée et je sentais que quelque chose d'important dépendait de la porte où nous allions frapper.

Je cognai à la porte près de laquelle nous nous tenions.

Une voix claire et gaie nous dit d'entrer. En un instant nous fûmes dans la chambre.

Deux personnes, un homme et une femme, occupaient l'appartement, dont l'une, l'homme, était hors de vue pour l'instant ; dans l'autre, lorsqu'elle se leva pour nous recevoir, je reconnus tout de suite l'ombre avec laquelle j'étais si familiarisé.

Cette chambre formait un grand contraste avec celle que nous venions de quitter, qui était assez bien meublée. Celle-ci était entièrement nue, comme si tous les objets, quelle que fût leur valeur, avaient été convertis en argent. Il y avait un matelas et quelques couvertures à un bout de la chambre, mais les seuls meubles que l'on pût voir étaient une table et deux vieilles chaises. La lampe du graveur était sur la table, ainsi que les objets nécessaires pour un chétif repas qu'évidemment on venait de faire cuire ; il se composait d'un petit morceau de lard et d'un peu de riz bouilli. La cage était suspendue à la fenêtre, ce qui me convainquit que j'avais enfin trouvé mes ombres.

J'avais remarqué toutes ces choses au premier coup d'œil et j'allais commencer à expliquer le but de notre visite à nos hôtes, lorsque mon attention fut tout à coup éveillée par une exclamation de M. Pycroft qui me suivait. L'homme que nous n'avions d'abord vu que très imparfaitement s'était levé ; il était debout, la lumière de la lampe jetait sa pâle clarté sur lui ; tandis qu'il regardait dans l'ombre mon compagnon qui me suivait, je me détournai par un mouvement instinctif et rapide, et je rencontrai le regard de mon vieil ami.

— Si vous avez voulu me jouer un tour, Monsieur, me dit-il, en me parlant très rapidement avec une prononciation difficile, je vous affirme que cela ne vous fait pas beaucoup d'honneur.

— Que voulez-vous dire? lui demandai-je parfaitement étonné.

— Je veux dire, monsieur Broadhead, que si tout ceci a été arrangé pour faire un raccommodement entre mon fils et moi...

— Votre fils? lui dis-je haletant.

— Je puis seulement vous dire, continua M. Pycroft, que vous obtiendrez le succès que vous méritez.

Il prit le chemin de la porte, mais j'y étais avant lui.

— Écoutez-moi, monsieur Pycroft, m'écriai-je Si vous voulez garder ces sentiments d'animosité qui conviennent peu à un père, je ne puis vous en empêcher ; mais je ne vous permettrai pas de quitter cette maison sous une impression fausse à mon égard. Je jure que vos soupçons n'ont aucun fondement, et que lors de notre entrée dans cette chambre, j'ignorais comme vous quels étaient ceux qui l'habitaient ! que je ne savais même pas que votre fils était dans une telle misère. Si j'avais connu sa douloureuse position, j'eusse fait tout ce qui eût été en mon pouvoir pour ramener votre cœur, et lui rendre les sentiments que réclame la nature. Je vous eusse dit : « Ayez pitié de celui qui porte votre nom. »

Les regards de M. Pycroft s'étaient dirigés sur moi, quand j'avais repoussé l'imputation d'avoir voulu le forcer à une réconciliation, et maintenant ils se portaient vers la place où se tenait son fils, dont la belle figure portait les profondes traces de la douleur et de la maladie.

C'était un beau jeune homme ; il se tenait là, serrant dans sa main la main de sa femme. Je ne pouvais m'empêcher de ressentir en face de ce tableau vivant l'intérêt vif et profond que les ombres avaient si bien éveillé.

— Contemplez-les! lui dis-je, **regardez cette chambre, regardez ce repas!** Pouvez-vous voir une telle misère sans que votre cœur soit touché? Si votre fils vous a offensé, n'a-t-il pas assez souffert? S'il vous a **désobéi**, n'a-t-il pas subi son châtiment?

. . . .

Je regardai la figure de mon ami. Il me sembla voir un sentiment de compassion passer sur son visage.

— Faites, lui dis-je, que la sympathie que vous avez accordée aux ombres malheureuses ne fasse pas défaut à la réalité palpitante du malheur.

A cet instant la jeune femme quitta son mari pour s'approcher de nous. Elle passa timidement sa petite main tremblante sur la main de mon vieil ami... Je le regardai encore une fois. Puis faisant signe au pauvre graveur de venir auprès de son père, je quittai tranquillement cette chambre où je sentais que ma présence n'était plus nécessaire !

III

RENCONTRE D'UN MAUVAIS SUJET

Pendant que le peintre achevait son histoire, un autre visiteur avait ouvert la porte. Il était resté poliment en arrière, afin de ne pas interrompre la personne qui parlait.

Lorsque le récit fut terminé, il s'avança et s'exprima en très bon anglais, bien qu'il fût Français ; il ne se trouvait dans notre pays qu'en passant et pour le visiter. Dans le cours d'une vie aventureuse, il avait eu occasion d'apprendre notre langue sur le continent et la nécessité l'avait obligé d'y avoir souvent recours ; plusieurs années s'étaient écoulées depuis ce moment et il n'avait pas eu d'autres occasions de visiter l'Angleterre que celle qui l'amenait maintenant; il demeurait avec quelques amis dans le voisinage.

On lui avait parlé de l'ermite et il était venu sur la propriété de Thomas Tiddler pour déposer son hommage aux pieds de cet illustre propriétaire foncier. Le visiteur français fut-il surpris? Pas le moins du monde, sa figure montrait de profondes marques d'anciens soucis et d'anciens tourments. Peut être rien ne pouvait-il le surprendre maintenant.

Non, aucune chose; s'il eût vu M. Mopes sur le territoire français, il eût été pétrifié sur place. Mais M. Mopes, sur le territoire anglais, était simplement un nouveau développement de la maladie du caractère national dont le spleen anglais est la cause et dont le suicide qui le suit est l'effet; les prompts suicides (dont il avait déjà entendu parler par les littérateurs de son pays) par lesquels on se jette à l'eau, les lents suicides qu'il voyait de ses propres yeux, qui consistent à s'enterrer parmi la suie et la cendre dans une cuisine, sont deux manières curieuses, mais rien ne surprend un Français lettré, laissant notre caractère national se montrer sous son jour le plus favorable, lorsque le temps a fourni à ce gentlemen l'occasion de mieux l'étudier. Le voyageur lui demanda donc poliment de pouvoir prendre la parole après l'artiste et de raconter sa propre histoire.

Après un moment de graves réflexions, il nous dit que sa jeunesse avait été marquée par des souffrances qui n'étaient pas ordinaires, qu'il avait couru de grands périls. Il ajouta qu'il ne se refusait pas à nous raconter une de ses aventures; mais il prévint d'avance son auditoire qu'il serait probablement fort étonné, et nous demanda de ne pas former notre opinion sur lui avant de connaître la fin de son histoire.

Après ce préambule, il commença ainsi :

« Je suis Français de naissance, et je me nomme François Thierry. Je ne veux pas vous fatiguer de l'histoire de ma jeunesse. Je vous dirai seulement que je commis une faute politique, que l'on me condamna aux travaux forcés et que j'ai été exilé depuis ce jour. A l'époque dont je parle, la marque n'était pas abolie et je pourrais vous montrer, si je le voulais, les lettres rouges qui sont sur mon épaule. Je fus arrêté, jugé et condamné à Paris. Je quittai le tribunal avec le bruit de cette condamnation résonnant encore à mes oreilles. Le bruit sourd des roues de la voiture cellulaire se répéta pendant toute la route de Paris à Bicêtre, et le lendemain et le surlendemain j'entendis ce même bruit fatigant depuis Bicêtre jusqu'à Toulon.

Lorsque je veux me rappeler ce qui se passa dans ce temps-là, il me semble que j'ai dû être abasourdi par la sévérité inattendue de ma condamnation, car je ne me rappelle rien du voyage ni des endroits où nous nous arrêtâmes. Rien que l'éternelle répétition de ces mots : « Travaux forcés ! Travaux forcés ! Travaux forcés à perpétuité ! »

La voiture s'arrêta bien tard dans l'après-midi du troisième jour. Nous étions arrivés. On ouvrit la porte et on me conduisit à travers une cour pavée dans un long corridor carrelé, puis dans une grande salle dallée, faiblement éclairée par en haut. Là un surintendant militaire m'interrogea. On inscrivit mon nom sur un énorme registre avec des fermoirs en fer comme un livre d'heures. «. Deux cent sept ! » dit le surintendant, « vert ! » On me conduisit dans une salle contiguë, on me fouilla, on me déshabilla complètement et on me plongea dans un bain froid ; à la sortie du bain on me mit le costume des forçats : une chemise grosse comme du canevas, un pantalon de serge jaune, une blouse de serge rouge et de gros souliers ferrés, puis une casquette verte; sur chaque jambe du pantalon, sur le devant et le dos de la blouse étaient imprimées les fatales lettres : « T. F! » Sur une étiquette de cuivre, attachée sur le devant de la casquette, était gravé le numéro 207. Le surintendant se tenait tout près et regardait faire.

— Allons, dépêchez-vous, dit-il en tournant sa longue moustache entre le pouce et l'index. Il se fait tard ; il faut qu'on vous marie avant le souper

— Me marier ! répétai-je.

Le surintendant riait en allumant un cigare, et son rire fut répété par les gardiens et les geôliers. Puis, on me conduisit par un autre corridor carrelé dans une autre cour pavée et de là dans une salle sombre pareille à la dernière, mais remplie de figures sales, du cliquetis des fers et ayant à chaque bout une ouverture circulaire à travers laquelle la bouche d'un canon s'avançait affreusement.

— Amenez le numéro 206, dit le surintendant, et appelez le prêtre.

Le numéro 206 s'avança d'un coin éloigné de la salle, traînant après lui une lourde chaîne. Il était accompagné d'un maréchal aux bras nus qui portait un tablier de cuir.

— Couchez-vous, me dit le maréchal en me donnant un insultant coup de pied.

Je me couchai à terre. Un lourd anneau de fer qui était attaché à une chaîne de dix-huit anneaux, fut rivé à ma cheville d'un seul coup de marteau; un deuxième anneau réunit les bouts de ma chaîne, et ceux de la chaîne de mon compagnon, et fut rivé de la même manière. — L'écho de chaque coup résonna à travers la voûte, pareil à un rire sépulcral.

— C'est bien, dit le surintendant en tirant de sa poche un petit livre rouge — Numéro 207, écoutez le code de la prison : si vous essayez de vous échapper sans y réussir, vous recevrez la bastonnade. Si vous réussissez à sortir du port, et qu'on vous rattrape, vous aurez trois ans de chaînes doubles. Aussitôt qu'on remarquera que vous manquez à l'appel, on tirera trois coups de canon, des pavillons d'alarme seront arborés sur les bastions. On enverra par le télégraphe des signaux aux gardiens des côtes, à la police des dix arrondissements voisins. On mettra à prix votre tête. On placardera des affiches aux portes de Toulon et dans toutes les villes de l'Empire, et on aura le droit de tirer sur vous si on ne peut pas vous capturer vivant.

Après avoir lu ce code avec une complaisance moqueuse, le surintendant reprit son cigare, remit le livre dans sa poche, et s'en alla.

Tout était fini maintenant, — tout : — l'étonnement incrédule, la tristesse rêveuse — l'espérance cachée au fond du cœur des trois jours précédents : j'étais un forçat (l'esclavage des esclavages !)

J'étais enchaîné à un compagnon forçat ; je relevai les yeux, et je trouvai que les siens étaient fixés sur moi. C'était un homme au front bas, basané, sombre et mal embouché, paraissant quarante ans ; il n'était pas beaucoup plus grand que moi, mais très solidement bâti.

— Ainsi, dit-il, vous êtes là pour la vie, n'est-ce pas, comme moi ?

— Comment savez-vous que je suis ici pour la vie ? lui dis-je avec accablement.

— Par cela, dit-il en touchant brusquement ma casquette avec le revers de la main. Verte, c'est pour la vie ; rouge, pour un certain nombre d'années. Pourquoi êtes-vous ici ?

— J'ai conspiré contre le gouvernement.

Il haussa les épaules avec un geste de mépris.

— Diable ! vous êtes donc un forçat gentilhomme ? J'ai cela dans l'idée, c'est dommage que vous autres, vous n'ayez pas une place spéciale. Nous autres, pauvres diables de forçats, nous détestons cette belle société.

— Y a-t-il plusieurs prisonniers politiques ? demandai-je après une pause.

— Aucun dans cette partie de la prison.

Puis il ajouta avec un juron, comme s'il soupçonnait ma pensée :

— Je ne suis pas innocent. C'est pour la quatrième fois que je suis ici. Avez-vous entendu parler de Gasparo

— De Gasparo le faussaire ?

Il fit un signe d'assentiment.

— Celui qui s'est échappé, il y a trois ou quatre mois, et qui flanqua la sentinelle à bas des remparts, au moment où elle allait donner l'alarme?

— Oui, je suis cet homme.

— J'avais entendu dire que, dans sa jeunesse, cet homme avait été condamné à un long emprisonnement solitaire, dans une triste cellule, et qu'il était sorti de cet antre, abruti comme une bête féroce.

Je tressaillis; et, en tressaillant, je vis son regard fauve qui prenait date de vengeance contre moi. Dès ce moment il me détesta; et, dès lors, j'eus pour lui l'antipathie la plus grande.

Une cloche sonna et je vis revenir un détachement de forçats de son travail. Ils furent immédiatement fouillés par les gardiens et enchaînés deux à deux, à une plate-forme en bois inclinée jusqu'au centre de la salle, et on servit alors notre repas de l'après-midi : il se composait d'une soupe aux haricots, d'une ration de pain, de biscuits de mer, et d'une mesure de vin ordinaire. Je bus le vin, mais je ne pus rien manger. Gasparo s'appropria tout ce qu'il voulut de ma portion restée intacte. Ceux qui étaient le plus près de nous se disputaient le reste. Le souper fini, un coup de sifflet aigu résonna dans la salle, chaque homme prit l'étroit matelas posé sur la plate-forme qui nous servait de lit commun, se roula dans une natte de plantes marines et se coucha. En moins de cinq minutes tout était profondément tranquille. De temps en temps, j'entendais le maréchal qui faisait le tour de la salle avec son marteau pour s'assurer si les grilles étaient solides, et si les verrous du corridor étaient fermés. De temps en temps un gardien passait avec son mousquet sur l'épaule.

Parfois on entendait gémir un forçat secouant ses chaînes pendant son sommeil. Mon compagnon dormait profondément. Enfin à mon tour je perdis la conscience de ce qui m'entourait.

J'étais condamné aux travaux forcés. A Toulon il y en a de différents genres : tels que travailler dans les carrières, dans les mines, dans les docks, charger et décharger des vaisseaux, transporter des munitions, etc. Gasparo et moi nous étions employés, avec environ deux cents autres forçats, dans une carrière un peu au delà du port. Jour après jour, semaine après semaine, depuis les sept heures du matin jusqu'à sept heures du soir, les rochers retentissaient de nos coups de marteau à chacun desquels nos chaînes résonnaient et rebondissaient sur le sol pierreux.

Sous ce climat brûlant, des tempêtes terribles et des sécheresses tropicales se succèdent continuellement pendant l'été et l'automne. Combien de fois suis-je rentré à ma prison et me suis-je mis sur mon grabat, trempé jusqu'aux os après avoir travaillé péniblement de longues heures sous un ciel brûlant ! Ainsi s'écoulèrent les derniers et tristes jours du printemps, puis arriva l'été et l'automne encore plus tristes.

Mon compagnon forçat était un Piémontais ; il avait été voleur, faussaire et incendiaire. En s'échappant, la dernière fois, il avait tué un homme. Dieu seul connaît combien mes souffrances étaient augmentées par cette détestée camaraderie. Comme je frissonnais au simple attouchement de sa main, comme j'avais mal au cœur lorsque sa respiration venait sur moi pendant la nuit. Quand nous étions couchés à côté l'un de l'autre, j'essayais de dissimuler ma répugnance. Mais c'était vainement, il le sentait aussi bien que moi, et il s'en vengeait par tous les moyens que pouvait inventer sa nature vindicative. Ce n'était pas étonnant qu'il me tyrannisât, car ses forces physiques étaient gigantesques, et il se regardait comme le despote naturel de tout le port.

Mais sa tyrannie était le moindre des tourments que j'avais à endurer. J'avais été élevé avec délicatesse ; il attaquait sans cesse en moi ce sentiment.

Je n'étais pas habitué au travail manuel, il m'imposa la plus grande partie de notre travail journalier. Quand j'avais absolument besoin de repos, il insistait pour me faire marcher. Lorsque mes membres avaient des crampes, il s'obstinait à se coucher et refusait de bouger. Il chantait des chansons obscènes et racontait les hideuses histoires de ce qu'il avait fait et pensé pendant sa réclusion. Il tortillait notre chaîne, d'une telle façon qu'elle me faisait mal à chaque pas. A cette époque j'avais vingt-deux ans, et depuis mon enfance ma santé avait toujours été faible. Par conséquent il m'était tout à fait impossible de me défendre ou d'user de représailles et, si je m'étais plaint au surintendant je n'aurais poussé mon tyran qu'à de plus grandes cruautés.

Enfin il vint un jour où sa haine parut s'adoucir. Il me permit de dormir, lorsque l'heure du repos vint; il s'abstint de chanter les chansons que je détestais et parut plongé dans de graves méditations. Le lendemain de ce jour, dès que nous fûmes au travail, il se rapprocha de moi pour pouvoir me parler tout bas et me dit :

— François, êtes-vous disposé à vous échapper ?

Je sentis le sang me monter au visage. Je serrais les deux mains — je ne pouvais parler.

— Pourrez-vous garder un secret? dit-il.

— Jusqu'à la mort !

— Écoutez alors : demain un maréchal renommé doit visiter les ports, il fera l'inspection des docks, des prisons, des carrières. On tirera beaucoup de coups de canon dans les forts, ainsi que sur les vaisseaux. Pendant ce temps, si deux orçats s'échappaient, un ou deux coups de canon de plus n'attireraient pas l'attention dans la ville ni autour de Toulon. Comprenez-vous ?

— Vous voulez dire que personne ne reconnaîtrait le signal ?

— Pas même les sentinelles aux portes de la ville, pas même les gardiens dans les carrières tout près. Par le diable, qu'y a-t-il de plus facile que de faire tomber nos chaînes avec la pioche, lorsque l'intendant ne nous surveillera pas et qu'on tirera les salves d'arrivée. Osez-vous vous aventurer ?

— Oui ui dis-je.

— Eh bien, c'est convenu ; donnez-moi une poignée de main.

Je ne lui avais jamais touché la main volontairement, et je sentis que la mienne était souillée de sang par ce contact. Je vis à l'éclair de son regard qu'il interprétait bien la faible étreinte de ma main.

Le lendemain matin, on nous réveilla une heure plus tôt qu'à l'ordinaire. Nous fûmes inspectés dans la cour de la prison. On nous servit une double ration de vin avant le travail. A une heure, nous entendîmes la première salve des vaisseaux de guerre dans le port. Ce bruit me remuait comme un choc galvanique.

Les forts répétèrent le signal l'un après l'autre, tout le long de la batterie, des deux côtés du port.

Les détonations suivirent les détonations, et l'air se remplit de fumée.

— Au premier coup de canon qu'on tirera là-bas, chuchota Gaspard en indiquant les casernes derrière les prisons, frappez le premier anneau de ma chaîne, tout près de ma cheville.

Un soupçon rapide traversa mon esprit.

— Si je le fais, lui répondis-je, comment puis-je être sûr que vous me libérerez après ? Non, Gasparo, il faut que ce soit vous qui me donniez le premier coup.

— Comme vous voudrez, dit-il en riant et en laissant échapper une imprécation.

Au même instant un éclair parut sur les créneaux de la caserne la plus proche de nous et un retentissement semblable au tonnerre se répéta dans tous les rochers aux alentours. Pendant que ce bruit éclatait au-dessus de nos têtes, je vis Gaspard qui donnait un coup sur mon anneau et je sentis que la chaîne tombait. A peine l'écho du premier canon avait-il cessé de résonner, qu'on en tira un deuxième. C'était maintenant le tour de Gaspard à être libre. Je frappai, mais avec moins d'habileté, et je fus obligé de recommencer deux

fois avant de pouvoir briser l'anneau obstrué.
Puis nous continuâmes en apparence à travailler.
en nous tenant tout près l'un de l'autre, la chaîne traînant entre nous. Personne ne nous avait remarqués, personne à première vue n'aurait pu distinguer ce que nous avions fait. Au troisième coup de canon, une troupe d'officiers et de personnages appartenant à diverses administrations parut à un détour de la route qui menait à la carrière. En un instant chaque tête se tourna dans leur direction. Chaque forçat abandonnait son travail, chaque garde présentait les armes.

Alors, jetant nos casquettes et nos pioches; nous escaladâmes le fragment de rocher sur lequel nous venions de travailler, nous tombâmes dans le ravin au dessous et nous prîmes un défilé qui menait dans la vallée.

Nous ne pouvions courir bien vite, encore embarrassés par les anneaux qui étaient restés à nos chevilles. Pour ajouter à cette difficulté, la route était très irrégulière, remplie de cailloux et de blocs de granit, tortueuse comme les replis d'un serpent.

Tout à coup, au tournant de l'angle d'une falaise

qui s'avançait, nous tombâmes sur un petit corps de garde de deux sentinelles. Nous retirer était impossible. Les soldats étaient à quelques mètres de nous. Ils présentèrent les mousquets en nous criant de nous rendre.

Gaspard se retourna vers moi, comme un loup aux abois.

— Sois maudit, dit-il en me donnant un coup affreux, reste et sois pris ! Je t'ai toujours haï !

Je tombai à terre, comme si l'on m'eût frappé à deux mains avec un marteau. Je vis, en tombant, Gaspard jeter avec violence un soldat à terre et passer devant l'autre avec la rapidité de l'éclair. J'entendis la détonation d'un coup de fusil et puis.... tout devint sombre, j'étais sans connaissance. — Lorsque j'ouvris les yeux je me trouvai à terre, dans une petite chambre sans meubles et faiblement éclairée par une toute petite fenêtre très rapprochée du plafond. Il me semblait que plusieurs semaines s'étaient écoulées depuis que je m'étais évanoui. A peine avais-je la force de me relever, et une fois levé je me tenais debout avec difficulté.

La place où ma tête avait reposé était trempée

de sang. Encore tout étourdi et l'âme pleine d'anxiété, je m'appuyai contre le mur et j'essayai de penser.

D'abord où étais-je? évidemment ce n'était pas la prison d'où je m'étais échappé. Là, tout était en pierres solides et en grillages de fer ; ici il n'y avait que des lattes et du plâtre blanchi à la chaux. Je devais être dans une chambre du petit corps de garde, située au premier. — Et Gaspard, où était-il ? Aurais-je la force de grimper jusqu'à la fenêtre ? si je pouvais le faire, où donnait-elle ? J'allai à la porte, elle était fermée ; haletant, j'écoutais, mais je n'entendis aucun bruit, ni au-dessus, ni au-dessous ; je revins à la fenêtre et je vis qu'elle était au moins à quatre pieds au-dessus de ma tête. Le plâtre n'offrait aucune aspérité qui pût me servir à m'élever en accrochant mes mains. Il n'y avait pas même dans la chambre une cheminée de laquelle j'aurais pu arracher une barre pour faire des trous dans le mur, afin d'y introduire mes mains et mes pieds. Mais je pensai tout à coup à ma ceinture de cuir sur laquelle il y avait un crochet en fer qui servait à suspendre ma chaîne quand je n'étais pas au travail. J'introduisis le crochet dans le mur, j'ôtai les lattes et le plâtre dans trois ou quatre endroits. Je grimpai, j'ouvris la fenêtre et je regardai au dehors avec empressement. A une distance de trente-cinq ou quarante pieds s'élevait devant moi le rocher hérissé sous l'abri duquel on avait bâti le corps de garde. Il y avait un petit jardin potager à mes pieds, séparé de la base du rocher par un fossé boueux qui semblait se rendre dans le ravin. A droite et à gauche, autant que je pouvais voir, s'étendait le chemin rocailleux que nous avions parcouru dans notre folle course.

Ma résolution fut prise en un instant : si je restais là, ma capture était certaine. A tout hasard, je pouvais chercher à m'échapper ; que pouvait-il m'arriver de pire ? J'écoutai de nouveau : tout était tranquille. Je montai sur la petite croisée, je me laissai tomber aussi doucement que possible sur la terre humide et, en me blottissan contre le mur, je me demandais ce que je devais faire. Si je grimpais sur le rocher, c'était m'offrir moi-même comme but au premier soldat qui me verrait. Si je m'aventurais dans le ravin, peut-être rencontrerais je Gaspard et me trouverais-je face à face avec ceux qui couraient après lui. D'ailleurs, la nuit commençait à tomber et, à la faveur de l'obscurité, si je parvenais à me cacher jusque-là, je pourrais peut-être m'échapper. Mais où trouver un abri protecteur? Dieu soit loué pour cette pensée qui me vint! — Il y avait le fossé !

Deux fenêtres seulement du corps-de-garde donnaient sur le jardin. C'était par l'une de ces fenêtres que j'étais descendu, l'autre était à moitié fermée par les volets. Je n'avais pu cependant traverser le jardin. Je baissai la tête et rampai dans les sillons entre les rangées de légumes, et j'arrivai jusqu'au fossé dont l'eau s'élevait presque à ma taille, mais les bords du fossé de l'autre côté étaient beaucoup plus hauts, et je vis qu'en me courbant je pouvais marcher sans que ma tête fut au niveau de la route. De cette façon, je suivis le fossé pendant deux ou trois cents mètres, dans la direction de Toulon, pensant que ceux qui me poursuivaient me soupçonneraient moins de revenir vers la prison, que de gagner en hâte la campagne. A moitié couché à terre, à moitié accroupi dans les hautes herbes qui frangeaient le bord du fossé, j'attendis la nuit. Puis j'entendis le canard du soir et un instant après je distinguai des voix dans le lointain. J'écoutai ! Était-ce un cri ? — Incapable de supporter l'angoisse de l'incertitude, je relevai la tête et je regardai autour de moi avec précaution. — Il y avait des lumières allant et venant autour du corps de garde ; — il y avait des ombres noires dans le jardin. J'entendais le bruit de pas empressés sur la route, au-dessus de moi. Un peu après, une lumière brillait sur l'eau à la distance de quelques mètres seulement de ma retraite ! je me glissai tout doucement dans le fossé, bénissant cette eau stagnante et sale de se refermer sur moi. Je retenais ma respiration et jusqu'aux battements de mon cœur. Il me semblait que je suffoquais, et les veines de mes tempes étaient sur le point d'éclater. Je ne pouvais supporter cela plus longtemps. Je me soulevai à la surface, — je respirais encore. — Je regardai autour de moi. J'écoutai. Tout était silence et ténèbres. Ceux qui me poursuivaient avaient disparu.

Je laissai s'écouler plus d'une heure avant d'oser bouger. La nuit était complètement sombre et la pluie commençait à tomber, à tel point que l'eau du fossé devenait un torrent à travers lequel je passai sous les fenêtres même du corps de garde, sans être entendu.

Après avoir nagé bien péniblement dans le fossé pendant plus d'un mille, j'osai m'aventurer encore une fois sur la route, et ainsi, avec la pluie et le vent battant ma figure, et au contact des rochers me faisant trébucher à chaque instant, j'arrivai au bout Sans autre guide que le vent qui soufflait du côté du nord-est, sans même une étoile pour me venir en aide, je pris sur ma droite en suivant ce qui me semblait être un sentier solitaire traversant la vallée. Bientôt la pluie cessa, et je pus discerner les sombres contours d'une chaîne de montagnes qui s'étendait sur le côté gauche de la route. J'imaginai que ces montagnes devaient être les Maures. Enfin tout était pour le mieux jusque-là. J'avais pris la bonne direction, j'étais sur la route d'Italie. Pendant toute la nuit je ne m'arrêtai pas un instant, si ce n'est quelques minutes durant lesquelles je m'assis au bord du chemin. Il est vrai que la fatigue et le manque de nourriture m'empêchaient de marcher vite. Mais l'amour de la liberté était si fort qu'il me donnait des forces. En marchant constamment d'un pas régulier, j'arrivai à mettre dix milles entre moi et Toulon. A cinq heures, juste au point du jour, j'entendis sonner des carillons, et je m'aperçus que je me rapprochais d'une grande ville. Je fus obligé de retourner sur mes pas et de me diriger vers les hauteurs pour l'éviter. Le soleil venait de se lever et je n'osais aller plus loin. J'arrachai quelques navets en un champ où je passais, et je me réfugiai dans un petit bois solitaire qui se trouvait dans une vallée entre les montagnes. Je restai là en sûreté toute la journée. A l'approche de la nuit, je recommençai mon voyage, en suivant les montagnes d'où je jetais un coup d'œil tantôt sur une baie éclairée par les rayons de la lune et sur les îles tranquilles près du rivage, tantôt sur des hameaux cachés comme des nids sur les hauteurs, couverts de palmiers, ou sur les promontoires tout éblouissants de cactus et d'aloës. Pendant la deuxième journée, je me reposai dans un hangar en ruines, au fond d'une sablière abandonnée, et vers le soir, sentant que je ne pourrais me soutenir plus longtemps sans prendre un peu de nourriture, je m'acheminai vers un très petit village habité par des pêcheurs sur la côte au-dessous ; lorsque je l'atteignis, la nuit était tombée. Je passai hardiment devant les chaumières des pêcheurs et ne rencontrai sur mon chemin qu'une vieille femme et un enfant, puis je frappai à la porte du curé. Il l'ouvrit lui-même. Je lui racontai mon histoire en deux mots. Le bon prêtre me crut et eut pitié de moi. Il me donna à manger et à boire du vin ; puis me gratifia d'un vieux mouchoir pour m'envelopper la tête, d'un vieil habit pour remplacer ma blouse de forçat et de deux ou trois francs pour ma route. Je le quittai avec des larmes.

Je marchai encore durant toute cette nuit et la nuit suivante, en restant toujours près de la côte et en me cachant pendant la journée dans les falaises. Après avoir laissé Antibes derrière moi pendant la nuit, j'arrivai aux bords du Var dans la matinée du cinquième jour. Je trouvai le torrent à environ un demi mille au-dessous du pont de bois. Je m'enfonçai dans un bois de pins sur la frontière de Sardaigne et je me reposai enfin sur la terre italienne !...

Bien que je fusse comparativement en sûreté, je poursuivais chaque jour mon voyage par les routes les moins fréquentées. Comment, ayant acheté une lime au premier hameau que je rencontrai, comment je me débarrassai de l'anneau qui était à ma cheville? Comment, ayant rôdé dans le voisinage de Nice, jusqu'à ce que ma barbe et mes cheveux fussent poussés, je demandai mon chemin pour aller à Gênes? Comment à Gênes je gagnai une modeste subsistance grâce à un travail que je trouvai par hasard, et comment je luttai ainsi pendant un hiver très rigoureux? Comment vers le printemps je pris passage à bord d'un petit vaisseau marchand qui allait de Gênes à Fiumicino, et relâchait à tous les ports le long de la côte, et comment je quittai le navire pour me mettre sur une barque chargée d'huile et de vin, qui remontait lentement le Tibre, et comment je débarquai un soir du mois de mai sur le quai Dissetta, à Rome? Comment toutes ces choses sont arrivées, quelles difficultés j'a rencontrées, quelles souffrances physiques j'ai supportées dans cet intervalle, — je n'ai pas le temps de vous le raconter en détail. Mon but avait été de gagner Rome, et j'avais enfin atteint ce but.

Dans une aussi grande ville, et à une aussi grande distance de ma prison, ma personne étant en sûreté, je pouvais peut-être utiliser mes talents. Je pouvais même trouver des amis parmi les étrangers qui viendraient là, en grand nombre, assister aux fêtes de Pâques. Plein d'espérance, je cherchai un logement dans le voisinage du quai Je consacrai un ou deux jours à jouir de ma liberté et à visiter les édifices de Rome. Puis je songeai à trouver une occupation suivie.

Il n'était pas facile de rencontrer une occupation suivie ni aucune autre.

C'était une époque de détresse. La moisson de l'année précédente avait manqué, l'hiver était plus rigoureux qu'à l'ordinaire, aussi y avait-il eu des émeutes à Naples, et le nombre des ouvriers sans ouvrage était-il beaucoup plus considérable qu'à l'ordinaire. Depuis longtemps on n'avait pas vu un aussi triste carnaval.

Les peintres ne vendaient pas leurs tableaux, ni les sculpteurs leurs statues. Les fabricants de mosaïques et de camées mouraient de faim. Les hôteliers, les marchands, les ciceroni, tous se plaignaient amèrement. De jour en jour mes espérances diminuaient et mon avenir devenait plus sombre. Le peu d'argent que j'avais ramassé pendant mon voyage était épuisé.

J'avais espéré obtenir une place de commis, de secrétaire, ou une position dans une bibliothèque publique. Avant la fin des trois premières semaines, j'eusse volontiers balayé une étude. Enfin, il vint un jour où je n'eus plus rien en perspective, que de mourir de faim.

Lorsque mon dernier baïocco fut dépensé, lorsque mon propriétaire me ferma la porte, je ne sus plus où aller pour trouver un repos et un abri. J'errai dans les rues toute l'après-midi du vendredi saint. Les églises étaient tendues de noir, les cloches sonnaient. Il y avait une foule considérable dans toutes les rues. J'entrai dans la petite église de Santo-Martino. On chantait un Miserere. Probablement l'exécution n'était pas bien habile, mais elle avait une expression qui semblait rouvrir toutes les sources de mon désespoir.

Proscrit que j'étais, je dormis cette nuit-là sous une arche sombre près du Théâtre de Marcellus. Le lendemain l'aube se leva sur un jour superbe, et je me glissai tout tremblant sous un rayon de soleil, en m'appuyant contre un mur chaud. Je me demandai combien de temps je pourrais encore supporter la faim, et si les eaux brunes du Tibre étaient assez profondes pour qu'un homme pût s'y noyer. Il me semblait bien dur de mourir si jeune. Mon avenir aurait pu être honorable et agréable ! La vie dure que j'avais menée récemment m'avait fortifié physiquement et moralement. J'avais grandi ; mes muscles étaient plus développés. J'étais deux fois plus énergique, plus actif et plus résolu que je ne l'étais un an auparavant.

A quoi pouvaient me servir ces qualités ? Je devais mourir, et elles ne me rendraient la mort que plus cruelle et plus difficile.

Je me relevai et j'errai dans les rues, comme j'avais erré le jour précédent. Une fois, je demandai l'aumône, et l'on me refusa. Je suivis machinalement les voitures et les piétons et bientôt je me trouvai au milieu de la foule qui monte et descend continuellement aux abords de la cathédrale de Saint-Pierre, pendant la semaine sainte. Las et hébété, je me réfugiai dans le vestibule de la sagrestia et je me blottis derrière l'une des portes. Il y avait là deux messieurs qui lisaient une affiche imprimée, collée sur un pilier tout près de moi.

— Grand Dieu ! disait l'un des deux à l'autre, est-ce possible qu'un homme risque de se casser le cou pour quelque monnaie !

— Oui, et en sachant aussi que, parmi quatre-vingts ouvriers, il y en a toujours six ou huit qui sont tués, ajouta son compagnon.

— C'est horrible! C'est une moyenne de dix pour cent !

— Oui, approximativement; c'est une action désespérée.

— Mais c'est un beau spectacle, ajouta le premier philosophiquement.

En disant cela, tous les deux s'en allèrent.

Je m'élançai sur mes pieds, et lus l'annonce avec avidité. Elle avait pour titre : Illumination de la cathédrale de Saint-Pierre, et prévenait qu'on demandait quatre-vingts ouvriers pour éclairer le dôme et la coupole, trois cents pour éclairer les corniches et les piliers, les colonnades et ainsi de suite ; l'administrateur accordait ces permissions. L'affiche annonçait que chaque ouvrier employé sur le dôme et la coupole recevrait vingt-quatre pauls et aurait à dîner. Le salaire des autres devait être d'un tiers moindre que cette somme.

A la vérité, c'était une action désespérée, mais n'étais-je pas un homme désespéré?

Après tout, réflexion faite, je devais mourir, et j'aimais autant mourir après avoir bien dîné, que de mourir de faim. Je me rendis immédiatement chez l'administrateur.

On me mit sur la liste des ouvriers. Je reçus deux pauls comme arrhes et je promis de me présenter exactement à onze heures le lendemain matin. Ce soir-là je pris mon souper à une baraque dans la rue, et j'obtins la permission pour quelques baïocco de dormir sur la paille dans le grenier d'une écurie derrière la Via del Arca.

En conséquence, dans la matinée du dimanche de Pâques, à onze heures, je me trouvai au milieu d'une foule d'individus dont la plupart, je puis le dire, étaient aussi malheureux que moi-même, attendant à la porte du bureau de l'administrateur. La Piazza, en face de la cathédrale, ressemblait à une mosaïque vivante. Le soleil brillait, les fontaines coulaient, les étendards flottaient sur San-Angelo.

C'était un spectacle curieux, mais je ne le contemplai qu'un instant. Lorsque l'heure sonna, les portes s'ouvrirent à deux battants, et nous passâmes en foule dans une salle où deux longues tables étaient servies pour nous. Deux sentinelles se tenaient à la porte. Un huissier nous conduisit à nos places, et un prêtre dit le bénédicité. Aux premiers mots que j'entendis, une sensation étrange s'empara de moi. Je me sentis contraint de regarder vers l'autre bout de la table et là!... oui, par Dieu! là je vis Gaspard! — Il me regardait fixement, mais ses yeux se baissèrent dès qu'ils rencontrèrent les miens. Et je le vis devenir pâle comme la mort. Le souvenir de tout ce qu'il m'avait fait souffrir et particulièrement de sa lâche trahison lors de notre fuite à tous deux, me fit éprouver des émotions si **vives**, qu'elles dépassèrent le sentiment de surprise que me causa sa vue. Et je formai le souhait de le retrouver un jour à ciel libre, là où il n'y aurait ni prêtres ni gardes.

Le bénédicité dit, nous nous mîmes à table et nous commençâmes notre repas. Dans ce moment, ma colère même n'eut pas le pouvoir d'émousser mon appétit. Je mangeai comme un loup affamé, ainsi que le firent presque tous les autres. On ne nous donna pas de vin, et l'on avait fermé les portes afin que nous ne pussions pas nous en procurer. C'était un règlement assez sage, vu la tâche que nous avions à remplir. Toutefois nous n'étions pas moins bruyants. Dans de certaines circonstances, le danger enivre comme le vin, et par ce beau jour de Pâques nous étions quatre-vingts hommes causant, riant et plaisantant avec une gaité sauvage qui avait quelque chose de terrible, par cette raison que chacun de nous pouvait être écrasé avant l'heure du souper en tombant des toits de la cathédrale.

Le dîner dura longtemps et, lorsque personne ne sembla plus disposé à manger, on débarrassa les tables. La plupart des ouvriers se jetèrent à terre ou sur les bancs pour dormir. Gaspard était de ce nombre. En voyant cela, je ne pus m'empêcher de m'avancer et de le pousser brusquement avec mon pied.

— Gaspard, vous souvenez-vous de moi? lui dis-je.
— Il releva les yeux d'un air méchant.

— Messe du diable! dit-il, je vous croyais à Toulon.

— Et ce n'est pas votre faute, si je n'y suis pas. Écoutez-moi; si vous et moi survivons à cette nuit, vous aurez à me répondre de votre trahison. Ses yeux brillèrent sous ses épais sourcils en me regardant, et sans me répliquer, il retourna de nouveau sa figure comme pour dormir.

— Ecco un maladetto, — voilà un ouvrier maudit, dit un autre ouvrier en haussant les épaules, comme je me retirais.

— Le connaissez-vous? lui demandai-je avec empressement.

— Cospetto! je ne sais rien de lui, si ce n'est que la solitude l'a rendu semblable à un loup.

Ne pouvant en apprendre davantage à son sujet, je m'étendis à terre, aussi loin que possible de mon ennemi, et bientôt je tombai profondément endormi.

A sept heures, les gardes réveillèrent ceux qui dormaient encore et servirent à chaque homme un petit verre de vin ordinaire, puis on nous fit mettre en double file, et on nous conduisit derrière la cathédrale, où nous montâmes par un plan incliné jusqu'au toit au-dessous du dôme. De là, une longue suite d'escaliers et de passages serpentins nous amenèrent entre les doubles murs du dôme, et, en arrivant à différentes hauteurs, un certain nombre de nous furent détachés et postés pour se mettre au travail. On me détacha à moitié chemin. Je vis Gaspard qui montait encore plus haut. Lorsque nous fûmes tous à notre poste, les surintendants vinrent pour nous transmettre leurs ordres. A un signal donné, chaque homme devait passer par l'ouverture ou la fenêtre qui se trouvait en face de lui, et il devait s'asseoir à califourchon sur un morceau de bois étroit attaché à une forte corde qui était suspendue en dessous. Cette corde passée par la fenêtre était enroulée autour d'un rouleau et attachée solidement en dedans. Au second signal on devait mettre la torche allumée dans sa main droite, et de la main gauche se tenir fermement à la corde. Au troisième signal la corde devait être déroulée du dedans par un aide placé là à dessein; ce qui permettait à l'autre de glisser rapidement sur la courbe du dôme, et, pendant qu'il glissait, il devait allumer chaque lampe qui se trouvait sur son passage en abaissant sa torche sur la mèche.

Ayant reçu ces instructions, chaque homme attendait à sa fenêtre qu'on donnât le premier signal.

Le jour tombait rapidement. L'illumination argentée était allumée depuis les sept heures. Tous les grands côtés du dôme, autant que je pouvais en juger ; toutes les corniches et les fresques de la façade en-dessous; toutes les colonnes et tous les parapets de la grande colonnade qui entoure a Piazza à quatre cents pieds au-dessous, formaient des lignes dessinées avec des lanternes de papier dont la lumière avancée brillait d'un feu argenté qui offrait un spectacle magique et merveilleux. Parmi ces lanternes, et entremêlées à elles, étaient placées à divers intervalles, sur toute la cathédrale, des coupes de fer appelées padelles, pleines de graisse et de térébenthine. C'était la tâche périlleuse des Sanpiétrini d'allumer ces coupes sur le dôme de la coupole, et dès qu'ils les auraient toutes allumées, l'illumination dorée serait achevée.

Il s'écoula quelques moments d'attente. La

soirée devenait à chaque instant de plus en plus
noire, les lanternoni brillaient davantage et le
bourdonnement de milliers de personnes s'élevait
de plus en plus fort à nos oreilles, arrivant jusqu'à nous de la Piazza et des rues au-dessous. Je
sentais la respiration haletante et inégale de mon
aide tout près de mon épaule. Je pouvais presque
entendre le battement de mon cœur.

Tout à coup le premier signal passa de bouche
en bouche, comme un courant électrique. Je sortis
par la fenêtre et je me croisai les jambes autour
de la planche ; — au deuxième signal, je saisis la
torche flamboyante; — au troisième, je me sentis
lancé dans l'espace. Pendant que j'allumais les
tasses qui se trouvaient à proximité, en passant,
je voyais le dôme montagneux, au-dessus et au-dessous de moi, présenter des lignes de flammes
sautillantes. L'horloge sonnait huit heures ; lorsque
le dernier coup tinta, la cathédrale tout entière
étincelait dans des contours de feu. Un rugissement, pareil au rugissement de l'Océan, s'éleva
de la multitude de dessous et paraissait secouer
le dôme même contre lequel je m'appuyais. Je
pouvais voir la lumière qui se réfléchissait sur

les figures de ceux qui regardaient fixement. Je voyais la foule sur le pont de Saint-Ange, et les bateaux qui fourmillaient sur le Tibre. Étant descendu jusqu'à l'extrémité de la corde, ayant allumé ma portion de lampes, je m'assis pour jouir de cette scène merveilleuse. Tout à coup je sentis la corde tressaillir, je relevai les yeux, et je vis un homme qui s'appuyait d'une main à la barre de fer qui soutenait les padelles, et de l'autre... Grand Dieu ! Il mettait le feu à la corde au-dessus de moi. C'était le Piémontais !

Je n'eus pas le temps de réfléchir, j'agis d'instinct. C'en était fait : en ce moment affreux, je grimpai à la corde comme un chat, je plaçai la torche tout droit sous la figure du forçat solitaire et je saisis brusquement la corde un ou deux pouces au-dessus de la place où elle brûlait. Aveuglé, Gaspard poussa un cri terrible et tomba comme une pierre au milieu des rugissements de l'Océan. J'entendis le bruit sourd que fit son corps en tombant sur le toit de plomb. Ce son a résonné à mes oreilles pendant toutes les années qui se sont écoulées depuis cette nuit-là — et je l'entends encore à l'heure qu'il est !

J'avais à peine repris ma respiration qu'on me hissa. Ce secours ne m'était pas venu trop tôt, car j'avais mal au cœur. J'étais étourdi d'horreur. Je tombai évanoui, lorsque je fus dans le corridor.

Le lendemain je me présentai chez l'*administrateur*, je lui racontai mon histoire. Mon récit fut confirmé par le reste de la corde brûlée. L'*administrateur* rapporta mon histoire à un prélat dans une haute position.

Et tandis que personne, pas même les San Piétrini, ne se doutait que mon ennemi eût rencontré la mort par un événement extraordinaire, on chuchotait la vérité de palais en palais jusqu'à ce qu'enfin elle atteignît le Vatican. Je reçus de nombreuses marques de sympathie et une aide pécuniaire qui me permit d'affronter l'avenir sans crainte. Depuis ce temps-là, mes fortunes ont été variées et j'ai vécu en plusieurs pays. »

IV

DES ÉPAVES SUR LA MER

Il s'écoula un peu de temps, après la narration du Français, avant qu'il y eût d'autres visiteurs à la porte ; enfin un homme mélancolique, aux cheveux blancs, entra en saluant. Il était grand et gras, il était mal vêtu, il avait des habits qui n'étaient même pas faits pour lui ; il portait un panier de menuisier, et avait l'air d'un homme qui s'attend peu au bonheur de s'en servir. Il s'exprima toutefois dans un meilleur langage que l'on n'eût pu l'attendre de lui, d'après son apparence.

Il dit qu'il cherchait de l'ouvrage, et que, n'ayant pu en trouver, il était entré pour contempler M. Mopes, n'ayant rien de mieux à faire. Il se nommait Heavysides; son adresse actuelle était l'auberge du Carillon des Cloches dans le village. Il ajouta que si messieurs les voyageurs avaient de l'ouvrage à lui donner, il serait reconnaissant. Mais, avant tout, il demandait la permission de s'asseoir et de regarder l'ermite.

Il s'assit et le regarda fixement. Il n'était pas étonné comme le peintre, il ne montra pas une surprise pareille à celle du Français; seulement il se demandait pourquoi l'ermite était renfermé.

— De quoi avait-il à se plaindre, lorsque pour la première fois il attacha cette couverture autour de lui? demanda M. Heavysides. Quelle que soit sa plainte, je crois que je puis en fournir une pareille.

— Vraiment, dit le voyageur, je vous prie donc de nous raconter ces plaintes.

Jusqu'à présent on n'a jamais rencontré un homme qui, ayant une plainte à formuler, se soit refusé à la dire. Le menuisier ne fit pas exception à cette règle humaine et générale; il commença ainsi:

« Je considérerai comme une grâce personnelle, messieurs, si au début de mon histoire vous voulez bien vous calmer l'esprit pour m'écouter et vous représenter en imagination un bébé qui ne vient de naître que depuis cinq minutes. Je conçois, ajouta-t-il, que je suis trop grand et trop lourd pour donner à votre imagination une telle image. C'est possible, mais ne dites rien de ma corpulence ; c'est là le grand malheur de ma vie.

Il y a trente ans, à onze heures du matin, mon histoire commença. Ce fut avec cette malheureuse défectuosité dont je parle, en pleine mer, à bord du vaisseau marchand l'*Aventure*, commandé par le capitaine Jillop. Le vaisseau avait cinq cents tonnes, et portait un médecin expérimenté.

Je venais de naître, et je vais vous narrer ce que l'on m'a dit d'alors ; j'ai pris des renseignements auprès du capitaine Jillop qui me les a fournis dans une lettre, et auprès de M. Jolly, médecin expérimenté qui également m'a écrit, et également auprès de Mme Drobble, le commis des vivres de l'*Aventure;* c'est cette dame qui m'a raconté elle-même cette triste aventure. Ces trois personnes étaient des spectateurs. L'*Aventure* était destinée à se rendre de Londres en Australie ; à cette époque on n'allait pas chercher là de l'or, mais le but de tous était de bâtir des maisons dans les colonies, et d'y rassembler, au loin dans l'intérieur du pays, des troupeaux.

Un vaisseau de cinq cents tonnes, bien chargé dans sa cargaison, n'offre pas beaucoup de place pour des voyageurs. Les dames et les messieurs de la cabine n'avaient pas à se plaindre qu'ils eussent payé une somme trop considérable pour la traversée. Il y avait deux cabines vides et quatre voyageurs qui en accaparèrent une. Voici leurs noms et leur signalement :

M. Amis, un homme d'âge moyen qui allait en Australie, — un jeune homme maladif voyageant pour sa santé, — M. et Mme Smallchild, jeune couple nouvellement marié qui voulait agrandir sa fortune par le commerce des brebis. M. Smallchild était d'un caractère parfait, prompt à céder au mal de mer, mais lent à parler ; on ne lui avait pas entendu dire deux mots. Madame restait également calme dans le voyage. Plus tard on en saura davantage à son sujet.

Ces quatre voyageurs, qui possédaient des cabines, étaient assez bien placés; le reste était pêle-mêle, comme un troupeau de brebis dans un bercail, avec cette exception toutefois que l'air manquait à ces derniers : des ouvriers qui, ne pouvant gagner assez dans leur pays, s'en allaient traversant les mers pour dénicher quelques ressources meilleures. Je ne sais rien sur leur compte. Il n'y a qu'une famille dont il soit nécessaire de parler en particulier. C'était la famille Heavysides Simon : un homme intelligent et bien élevé, menuisier, Marthe sa femme et sept petits enfants. Attendez à plus tard pour savoir si c'était ce que vous soupçonnez : ma famille.

Bien que je ne me fusse pas présenté à bord, lorsque le navire quitta Londres, je crois que mon mauvais génie s'était embarqué dans l'*Aventure* pour attendre mon arrivée. Jamais traversée n'eut plus horrible temps. Le bon caractère du capitaine commençait, tout naturellement, à s'aigrir. Dans la matinée du quatre-vingt-unième jour, le vent était au calme plat, et le vaisseau roulait tout autour du compas, lorsque M. Jolly, le médecin, arriva sur le pont et, se rappochant du capitaine, lui dit en se frottant les mains :

— J'ai des nouvelles à vous donner.

— Si c'est la nouvelle d'un bon vent qui va

venir, grogna le capitaine, cela me surprendrait beaucoup à bord de ce vaisseau, je vous promets !

— Ce n'est pas le vent qui va venir ; c'est un autre voyageur.

— Un autre voyageur ?

Le capitaine regardait autour de lui, à la mer. pas un navire en vue, la terre ferme à distance de milliers de milles. Il se tourna brusquement vers le médecin, et lui demanda ce qu'il voulait dire.

— Je veux dire qu'il doit venir à bord un cinquième voyageur de cabine qui nous joindra probablement vers le soir ; il sera présenté par Mme Smallchild. Quant à la grosseur, ce n'est rien ; quant au sexe inconnu, quant aux habitudes, ils seront probablement bruyants.

— Vous voulez vraiment me dire cela ? demanda le capitaine, qui devenait pâle.

— Oui, je veux le dire.

— Bien donc, je vous réponds ceci, s'écria le capitaine en éclatant de fureur, je ne le veux pas ! Le temps infernal m'a assez fatigué l'âme et le corps ; dites-lui qu'il n'y a pas assez de place pour ces sortes d'affaires à bord de mon vaisseau. Que veut-elle dire, de nous tromper tous de cette façon? c'est honteux, c'est honteux !

— Non, non, dit Jolly, ne la jugez pas ainsi. C'est son premier enfant; pauvre femme, comment pouvait-elle savoir ? donnez-lui le temps d'acquérir de l'expérience, et vous verrez; et j'ose dire..

— Où est son mari? interrompit le capitaine d'un regard menaçant, je lui dirai ce que je pense, en tous les cas.

M. Jolly consulta sa montre avant de répondre.

— Onze heures et demie, dit-il. Considérons un peu : c'est justement l'heure où M. Smallchild règle son compte avec la mer ; il aura fini dans un quart d'heure et dormira, puis il mangera et redormira. Puis il règlera ses nouveaux comptes et ainsi de suite, jusqu'au soir. C'est un homme extraordinaire. S'il reste sur mer un mois de plus, nous l'amènerons au port dans un état tout à fait comateux. Ha ! qu'est-ce que vous voulez? L'aide du commis des vivres s'était rapproché du gaillard d'arrière et cet homme aussi riait comme M Jolly.

— On vous demande dans la timonerie, monsieur : il y a une femme malade.

— Bah! s'écria M. Jolly ; Ho!... ho!... ho!... vous ne voulez pas me dire cela... eh!

— Oui, monsieur, c'est cela, bien sûr, dit l'aide du commis des vivres.

Le capitaine regardait autour de lui d'un air de désespoir ; il chancelait pour la première fois depuis vingt ans et roulait en chancelant, bien qu'il fût arrêté par la paroi de son vaisseau. Il donna un coup de pied et parvint à parler.

— Ce navire est ensorcelé, dit-il d'un ton furieux. Arrêtez-vous, s'écria-t-il en se remettant un peu, lorsqu'il vit le médecin qui s'empressait d'aller à la timonerie, arrêtez vous, M. Jolly; si c'est vrai, envoyez-moi son mari, en arrière, diable! Je parlerai à un des maris, dit le capitaine en secouant son poing dans le vide.

Dix minutes s'écoulèrent, puis arriva, en chancelant et en roulant de tous côtés, un homme maigre, blond et pâle. C'était Simon Heavysides qui avait à bord sa femme et sept enfants.

— C'est vous le mari, n'est-ce pas, répéta le capitaine, en le saisissant par le cou et l'arrêtant contre le vaisseau. C'est votre femme, infernal coquin... Prétendez-vous changer mon navire en hôpital pour les femmes en couches? Vous avez commis un acte de mutinerie, ou à peu près. Pour moins que cela, j'ai mis un homme aux fers. Je suis presque prêt à vous en faire de même... Que prétendez-vous.... de mettre à bord de mon vaisseau des voyageurs, sur lesquels je n'ai pas compté? Qu'avez-vous à répliquer, avant que je vous punisse?

— Rien, monsieur, répondit Simon avec des manières qui exprimaient la plus grande résignation conjugale. Quant à la punition dont vous voulez me parler, monsieur le capitaine, je vous demande de considérer que j'ai sept enfants, que le huitième est un boulet de plus à traîner, et que cela ne fera pas beaucoup de différence avec les fers que vous voulez me mettre.

Le capitaine lâcha machinalement le cou du menuisier. Le doux désespoir de l'homme l'adoucit malgré lui.

— Pourquoi vous êtes-vous lancé sur la mer au lieu d'attendre sur terre que tout fût fini? demanda le capitaine aussi sévèrement que possible lui fut.

— C'était inutile d'attendre, monsieur, remarqua Simon. Dans notre métier, aussitôt que cela est fini, cela recommence. Il n'y a pas de fin à ce que je vois, dit le triste menuisier après un moment de douce méditation, cela ne finira que dans le tombeau.

— Qui est-ce qui parle de tombeau? s'écria M. Jolly qui en ce moment montait sur le pont. Nous avons affaire au contraire avec une naissance et un berceau à bord de ce vaisseau. Cette jeune Marthe ne peut pas rester avec tant de monde à cause de son état. Il faut qu'elle soit mise dans une des cabines vides, et vite! voilà tout ce que je puis dire!

Le capitaine reprit son air furieux. C'était exiger une anomalie nautique.

— Je regrette beaucoup, monsieur le capitaine, dit Simon très poliment; je regrette beaucoup qu'une inadvertance de la part de monsieur Heavysides ou de moi.......

— Portez votre longue carcasse et votre langue en avant! dit le capitaine d'une voix de tonnerre.

...Donnez-moi vos ordres, continua-t-il d'un ton de résignation, en s'adressant à Jolly, au moment où Simon s'en allait en chancelant. Changez le navire en une chambre d'enfants, aussitôt que vous le voudrez.

Dix minutes après, on portait Mme Marthe dans une pose horizontale ; trois hommes la soutenaient. Lorsque passa cette intéressante procession, le capitaine se recula avec horreur comme si on eût porté près de lui un taureau sauvage au lieu d'une matrone britannique. Les cabines où l'on couchait donnaient de chaque côté dans la grande cabine : à gauche était monsieur Smallchild, à droite ; en face, le médecin et madame Heavysides ; la plus petite des deux chambres temporaires était près de l'échelle. On consacra la plus grande au médecin et à ses mystères.

Lorsqu'une vieille corbeille eut été préparée, on la porta entre les deux cabines pour servir de berceau. Les voyageurs mâles s'étaient tous réfugiés sur le pont, laissant les régions inférieures au médecin et au commis des vivres.

Dans le courant de l'après-midi, le temps devint meilleur, il fit un peu de bon vent ; l'*Aventure* glissa rapidement sur l'eau. Le capitaine fraternisait avec le petit groupe de voyageurs qui étaient sur l'arrière. Il f umait un cigare.

— Si ce beau temps dure, messieurs, dit-il, nous ferons très bien de prendre nos repas ici, et nous ferons baptiser nos deux petits voyageurs extra dans une semaine, si leur père et mère y consentent. Comment vous trouvez-vous, monsieur, au sujet de votre femme ?

M. Smallchild (auquel le capitaine s'adressait) avait un peu de ressemblance avec Simon. Lui aussi était pâle, avait un nez romain, des cheveux blonds, des yeux bleu pâle. Et suivant ses habitudes particulières, lorsqu'il était en mer, on l'avait placé sur un monceau de vieilles voiles, dans un coin du vaisseau, de sorte qu'il lui était très facile de mettre la tête par-dessus lorsque la nécessité le demandait. M. Smallchild répondit à la question du capitaine par un ronflement.

— Y a-t-il quelque chose de nouveau, Jolly? demanda le capitaine d'un ton inquiet.

— Rien du tout, répondit le médecin.

Une heure après, Mme Drobble parut avec une figure mystérieuse :

— Veuillez descendre tout de suite, monsieur, dit-elle.

— Laquelle de ces dames me demande? dit Jolly.

— Toutes les deux, répondit Mme Drobble avec emphase, et ils disparurent.

— Je suppose, messieurs, — dit le capitaine en s'adressant à M. Purling et à son aide, — je suppose qu'il n'est pas convenable de réveiller monsieur Smallchild? et je ne doute pas que l'autre mari ne soit tout prêt.

— Cela sera poli, allez réveiller M. Smallchild.

— Monsieur! monsieur! réveillez-vous... Votre dame... Je ne sais comment lui dire ..

— Oui, merci, monsieur, dit Smallchild en ouvrant ses yeux d'un air assoupi. Le biscuit et le lard froid comme à l'ordinaire ; mais je ne l'ai pas encore pris. Je vous souhaite le bonsoir... et il referma les yeux et rentra, selon l'expression du médecin, dans un état entièrement comateux.

Le capitaine tira le voyageur Simon à part.

— Mon brave homme, lui dit-il, j'ai été bien brusque avec vous, mais je vous dédommagerai. Puisque votre femme est dans un état que l'on appelle intéressant, et que je vous regarde désormais, à cause de cela, comme un voyageur de cabines, je vous donne la permission de rester avec nous, jusqu'à ce que votre femme soit accouchée.

— Vous êtes bien bon, monsieur, dit Simon, je vous suis très reconnaissant ainsi qu'à ces messieurs. Mais veuillez vous rappeler que j'ai déjà sept enfants dans la timonerie, et il n'y a que moi pour les soigner; dans ces sept occasions, madame Simon s'est toujours très bien sortie d'affaire, et je ne doute pas qu'elle ne fasse de même à sa huitième épreuve. Elle aura l'esprit plus satisfait de savoir que je suis avec les enfants.

Simon salua ces messieurs et retourna à son poste.

— Eh bien! messieurs, ces deux maris ne font pas grand cas de ces affaires, dit le capitaine. Il est vrai que l'un des deux y est bien habitué, et que l'autre est...

L'orateur et ses auditeurs furent interrompus par le bruit de portes qui se fermaient avec violence en bas, et par un bruit de pas empressés.

— Faites venir au vent le bâtiment, dit le capitaine. C'est mon avis, messieurs, que dans ces circonstances le vaisseau roule mieux.

La nuit succéda à la soirée, et M. Smallchild accomplit la cérémonie journalière de son existence nautique avec sa ponctualité ordinaire. Lorsqu'il prit son biscuit et son lard, l'état de madame Smallchild repassa dans son esprit, mais il perdit ce souvenir à l'heure où il dut régler ses comptes, puis il s'en souvint dans l'intervalle qui séparait le repas du sommeil. Naturellement il l'oubliait de nouveau dans le sommeil, ainsi de suite pendant la soirée et la première partie de la nuit. De temps en temps, grâce aux soins du capitaine, Simon recevait des messages dont le but était de le tranquilliser, et il faisait savoir par ces mêmes envoyés qu'il était très calme, et que ses enfants étaient assez sages ; mais jamais il ne se montrait personnellement sur le pont. M. Jolly apparaissait de temps en temps en disant: « Tout va bien. » Il prenait quelques rafraîchissements et disparaissait, aussi gai que de coutume.

Le bon vent durait, le caractère du capitaine restait calme. L'homme au gouvernail fit venir le bâtiment au vent d'une manière inquiète. Dix heures sonnaient. La lune s'élevait et brillait. Le grog de nuit fut apporté sur le pont d'arrière, le capitaine donnait gracieusement sa présence aux voyageurs. Tout à coup monsieur Jolly apparut; il avait rapidement monté l'échelle.

Au grand étonnement du petit groupe sur le pont d'arrière, voilà le médecin qui tient fortement Mme Drobble,... là.... par le bras, sans faire la moindre attention au capitaine ni aux voyageurs et voici qu'il la pose sur le siège le plus rapproché de lui.

En faisant ce mouvement, sa figure s'éclaira par les rayons de la lune.

Elle étalait aux spectateurs effrayés une expression de consternation vague.

— Calmez-vous, madame, dit le médecin d'un ton d'effroi qui ne pouvait pas laisser de doutes. Calmez-vous, madame Drobble, pour l'amour de Dieu, remettez-vous!

Mme Drobble ne fit point de réponse. Elle tordait ses mains sur ses genoux et regardait fixement devant elle, telle qu'une femme frappée d'effroi.

— Quel malheur y a-t-il? demanda le capitaine, posant son verre avec un air de terreur. Chez ces deux malheureuses femmes que se asse-t-il?

— Rien, dit le médecin, toutes les deux vont admirablement.

— Y a-t-il quelque chose de mauvais pour les bébés? continua-t-il. Est-ce qu'il s'en trouve plus que vous ne comptiez en voir? des jumeaux par exemple?

— Non! non! répondit Jolly avec impatience. Il y a un bébé pour chacun — deux garçons et tous deux en bonne santé. Jugez par vous-même, ajouta le médecin, pendant que les deux nouveau-nés essayaient leurs poumons pour la première fois.

— Que diable y a-t-il entre vous, madame Drobble? reprit le capitaine qui perdait encore patience.

— Madame Drobble et moi nous sommes deux gens innocents, et nous nous sommes mis dans le plus terrible embarras!

Le capitaine, suivi de MM. Purling et Sims, se rapprocha du médecin d'un air d'horreur. L'homme du gouvernail s'élança comme une grue pour écouter. La seule personne qui ne témoigna pas de curiosité ni d'intérêt, ce fut M. Smallchild; son heure de sommeil étant arrivée, il ronflait en paix, à côté de son biscuit et de son lard.

— Contez-moi le fait tout de suite, Jolly, dit le capitaine d'un ton peu patient.

Le médecin ne fit aucune attention à cette demande, car Mme Drobble l'absorbait entièrement.

— J'espère, madame, que vous allez mieux maintenant? demanda-t-il d'un ton inquiet.

— Non, monsieur, mon esprit n'est pas plus calme, répondit-elle en recommençant à se battre les genoux. Je me trouve encore plus mal.

— Écoutez-moi, insista Jolly d'un ton calme; je vous exposerai encore une fois les circonstances en vous présentant quelques questions simples et nettes. Cela reviendra à votre souvenir, si seulement vous voulez me suivre avec attention, et que vous vous donniez du temps pour réfléchir et pour vous recueillir avant de me répondre.

Mme Drobble courba la tête avec une soumission muette. Elle se prit à écouter; tout le monde, à l'exception de M. Smallchild, écoutait également.

— Maintenant, madame! nos peines ont commencé dans le cabinet de madame Heavysides, qui est situé du côté de tribord, n'est-ce pas?

— Oui, monsieur.

— Nous avons passé et repassé plusieurs fois dans les cabines de madame Heavysides et de madame Smallchild dont la première est à tribord et l'autre à bâbord. Nous savons que c'était Mme Heavysides qui se trouvait malade la première, et que lorsque je criai : « Madame Drobble, voilà un magnifique garçon, venez le prendre, » il venait du côté de tribord, n'est-ce pas?

— Oui, monsieur, répondit-elle. Je jure que c'est ce que vous m'avez dit.

— Bien. Je vous ai dit : « Prenez-le, et mettez-le dans le berceau; » ce que vous avez fait; or, où était le berceau?

— Dans la grande cabine, monsieur, répondit madame Drobble.

— C'est justement cela! C'était là parce que nous n'avions pas assez de place dans les petites cabines à gauche; vous avez mis le bébé de tribord dans le berceau qui était dans la grande cabine. Eh bien! comment le berceau était-il placé?

— Il était mis en travers, monsieur!

— Souvenez-vous bien de cela. Maintenant, suivez mes questions bien attentivement... Non!

non! Ne dites pas que vous ne pouvez pas, et que la tête vous tourne. Ma prochaine question va vous remettre. N'est-ce pas au bout d'une demi-heure que vous avez entendu appeler encore : « Madame Drobble! voilà un autre garçon magnifique pour vous. Venez le prendre! » Et vous êtes venue prendre l'enfant de bâbord, n'est-ce pas?

— Oui monsieur, du bâbord, je ne le nie pas, répondit madame Drobble.

— De mieux en mieux. Je vous ai engagée à prendre ce bébé du bâbord, c'est-à-dire le petit Smallchild, et à l'arranger confortablement dans le berceau avec le bébé de tribord... Or qu'est-il arrivé après?

— Ne me le demandez pas, monsieur, s'écria Mme Drobble en perdant son aplomb, et en tendant ses mains d'une façon désespérée.

— Allons, allons, madame! Je vous ferai des questions aussi claires que des lettres imprimées. Calmez-vous, écoutez-moi. Au moment où vous aviez arrangé confortablement le bébé de bâbord, je fus obligé de vous envoyer dans la cabine de tribord pour m'apporter quelque chose dont j'avais besoin dans la cabine de M. Smallchild; je vous ai retenue près de moi un peu de temps, je vous ai quittée pour me rendre dans la cabine de M. Heavysides, et je vous ai appelée de nouveau. Mais avant que vous eussiez traversé la moitié de la grande cabine, je vous ai dit : Non, restez où vous êtes et j'irai près de vous. Tout de suite après, madame Smallchild vous a inquiétée, et vous êtes accourue près de moi sans être appelée, sur quoi je vous ai arrêtée dans la grande cabine en vous disant : « Madame Drobble, vous vous troublez, asseyez-vous et recueillez-vous » — Ce que vous fîtes ! — N'est-ce pas que tout ceci est vrai ?

— Ah ! ma tête ! ma tête ! — C'est vrai — j'ai essayé de me recueillir et je ne le pouvais pas.

— Bien. En conséquence, lorsque je sortis de la cabine Smallchild pour voir comment vous alliez, je trouvai que vous aviez mis le berceau sur la table et que vous regardiez fixement les bébés avec votre bouche ouverte et vos mains entrelacées dans vos cheveux ; — lorsque je vous demandai s'il y avait quelque chose d'inquiétant, vous vous accrochâtes au col de mon habit, et vous murmurâtes à mon oreille : « Hélas, monsieur, j'ai eu l'esprit si confus que je ne **puis** plus distinguer à qui appartiennent les deux enfants!...»

— Et je ne le sais pas mieux maintenant! s'écria-t-elle, se trouvant prise d'une crise de nerfs. Oh! ma tête! ma tête! Je ne le sais pas même maintenant!

— Monsieur le capitaine, et messieurs, voici l'embarras où je me trouve, s'écria Jolly en tournant sur son pied et en s'adressant à son auditoire d'un ton calme et désespéré.

Ces messieurs se regardèrent : ils étaient frappés d'étonnement.

— N'est-ce pas que vous pouvez éclaircir l'affaire, Jolly? dit le capitaine.

— Si vous saviez ce que j'ai eu à faire en bas, vous ne m'adresseriez pas une pareille question ; rappelez-vous que je suis responsable de la vie de deux femmes et de deux enfants ; — rappelez-vous que j'ai été accroupi entre les deux petites cabines où il y avait à peine la place nécessaire pour me tourner, et si sombres que je ne pouvais guère voir ma main devant moi, — et madame Drobble qui me dérangeait à chaque instant. Réfléchissez à tout cela, et puis vous me direz

combien de temps j'avais pour comparer les deux
garçons en les mesurant pouce par pouce — deux
garçons qui naissaient sur un navire pendant la
nuit, l'un une demi-heure après l'autre. Ha !

— Il n'y avait sur eux aucune marque, demandait M. Sims.

— Il eût fallu des marques assez prononcées
pour que je les visse dans une lumière pareille,
dit le médecin. — Je voyais bien qu'ils étaient des
enfants droits et bien faits — voilà ce que je
voyais — c'était tout.

— Est-ce que leurs traits enfantins sont assez
développés pour indiquer une ressemblance de
famille, demanda M. Purling. Jugez-vous qu'ils
ressemblaient à leurs pères ou à leurs mères?

— Tous les deux ont des yeux bleus et des
cheveux blonds — le peu qu'ils ont — répliqua
Jolly d'un ton revêche. Jugez donc vous-même.

— M. Smallchild a des yeux bleus et des
cheveux blonds, remarqua M. Sims.

— Et Simon a aussi des yeux bleus et des
cheveux blonds, dit M. Purling.

— Je vous engage à réveiller M. Smallchild et
à envoyer chercher M. Simon, et que tous deux

jouent à pile ou face pour leurs enfants, dit M. Sims.

— On ne doit pas ainsi badiner avec le sentiment paternel, en y mettant un tel sans-cœur, reprit M. Purling. Je propose qu'on essaie de la nature!!

— Qu'est-ce que cela peut être? monsieur, demanda le capitaine d'un ton curieux.

— L'instinct maternel, reprit Purling; la connaissance instinctive pour la mère de son propre enfant.

— Oui, oui! dit le capitaine. C'est bien pensé. Que dites-vous, Jolly, de la voix de la nature?

Le médecin releva la main d'un geste d'impatience, cherchant à redoubler ses efforts pour réveiller la mémoire de Mme Drobble par un système d'interrogation contradictoire.

— Je ne vois rien de mieux que d'essayer la voix de la nature, dit le capitaine ; essayez-la, Jolly.

— Il faut bien qu'on fasse quelque chose, dit Jolly. Je ne peux laisser ces femmes seules plus longtemps. Vous, Drobble, ne vous montrez pas, vous les effraieriez. La voix de la nature! ajouta

M. Jolly en descendant. Oui, je l'essaierai, elle fera de belles merveilles, continua-t-il avec un ton de mépris. Ha ! ha !

Il faisait nuit. M. Jolly tourna les lampes des cabines de manière à ce qu'elles ne donnassent qu'une toute petite lumière, et cela sous le prétexte de ménager les yeux de ses malades. Puis il prit le premier venu des deux malheureux enfants, il marqua les vêtements dans lesquels il était enveloppé d'une tache d'encre et il le porta à Mme Smallchild, en choisissant sa cabine tout simplement parce qu'elle se trouvait plus près de lui. Le second bébé fut porté par Mme Drobble à Mme Heavysides.

Pendant un certain temps, on laissa seules les deux mères et les deux bébés, puis on les sépara encore par ordre du médecin. Peu après ils furent réunis avec cette seule différence que le bébé marqué avait été porté à Mme Heavysides et le bébé sans marque à Mme Smallchid ; ainsi que M. Jolly l'avait prévu, grâce à l'obscurité, les deux mères ne devinèrent rien de cette transposition et furent parfaitement heureuses.

— C'est bien, dit le médecin au capitaine,

laissons ainsi les choses pendant la nuit. Mais quand viendra le jour, il faudra que nous nous décidions à donner d'une manière irrévocable à chaque mère un de ces enfants. Les voilà, ces pauvres femmes, parfaitement rétablies, et si elles venaient à se douter un instant de ce qu'il en est, ce serait pour elles un coup terrible.

— Mais qui prendra la responsabilité du choix ? Je m'entends en layettes assez bien ; pour ce qui en est de ce genre d'affaires, c'est autre chose.

— Je m'offre d'intervenir, par cette raison que je suis parfaitement étranger, dit M. Sims.

— Et moi je déclare n'y avoir rien à faire pour la même raison, ajouta M. Purling qui pour la première fois pendant tout le voyage avait été du même avis que son ennemi naturel.

— Attendez un instant, messieurs, dit le capitaine, je crois que j'y vois. Il faut que nous divulguions tout franchement l'affaire aux maris, et qu'ils prennent sur eux la responsabilité.

— Je crois qu'ils n'accepteront pas cette responsabilité, dit M. Sims.

— Et moi je crois que vous vous trompez et

qu'ils l'accepteront, dit M. Purling qui reprenait son habitude de contrarier M. Sims.

— S'ils ne veulent pas l'accepter, dit le capitaine d'un ton ferme, moi je suis maître à bord de ce navire ; — aussi vrai que je me nomme Thomas Gillop — je prendrai la responsabilité sur moi !

Cette déclaration énergique arrangea pour le moment toutes les difficultés. Et l'on tint un conseil pour décider ce que l'on devait faire plus tard. Il fut résolu de ne rien dire jusqu'au lendemain matin et de s'appuyer sur la dernière et faible chance que quelques heures de sommeil pourraient calmer la mémoire égarée de Mme Drobble. Il était donc convenu qu'on mettrait les bébés dans la grande cabine avant le grand jour, c'est-à-dire avant que Mme Heavysides et Mme Smallchild pussent bien remarquer l'enfant qui était resté près d'elles pendant la nuit. Le capitaine, de connivence avec MM. Purling et Sims, devait se réunir avec le premier aide, à six heures, le lendemain matin, vu l'importance de l'affaire.

En conséquence la séance commença. Il faisait beau temps et un bon vent. M. Jolly posa de nouvelles questions à Mme Drobble ; il était assisté des témoins. On ne put rien apprendre de la bouche de cette malheureuse.

Le médecin déclara que cet état de trouble moral était chronique, et le capitaine et les témoins furent de son avis d'une voix unanime.

La seconde expérience que l'on devait tenter était de révéler ces faits aux maris. Il advint que M. Smallchild s'occupait à cette heure de la matinée à « régler ses comptes ». Les premières paroles qui lui échappèrent, furent « un biscuit assaisonné et du pâté d'anchois. » Les prières persévérantes du comité ne purent tirer de lui qu'une réponse impatiente par laquelle il demandait qu'on le jetât à la mer avec les deux bébés.

On lui fit de sérieuses remontrances, mais sans un meilleur résultat.

— Arrangez tout cela comme vous le voudrez, dit M. Smallchild d'une voix faible.

— Est-ce que vous me confiez l'affaire, monsieur, comme capitaine de ce vaisseau, demanda Gillop.

(Silence général.)

— Faites un signe de tête, monsieur, si vous ne pouvez pas parler.

M. Smallchild fit un signe de tête et, se retournant sur son oreiller, il s'endormit.

— Pensez-vous que cela veut dire que je suis libre d'agir? demanda le capitaine à ses témoins.

Ils répondirent que oui, décidément.

On répéta cette cérémonie près de Simon Heavysides qui, en homme intelligent, répondit par une proposition ayant pour but de résoudre la question.

— Monsieur le capitaine et messieurs, dit le menuisier avec une politesse mélancolique, je désire penser à M. Smallchild avant de penser à moi dans cette affaire. Je suis tout à fait disposé à renoncer à mon bébé, n'importe lequel des deux, et je propose bien respectueusement que M. Smallchild prenne les deux enfants, afin qu'il puisse ainsi s'assurer qu'il possède bien son propre fils.

Une objection immédiate contre cette proposition ingénieuse fut faite par le médecin qui lui demanda d'un ton ironique s'il pensait que sa femme consentirait à ces choses. Il avoua que cette difficulté ne lui était pas venue à la pensée, mais qu'il était sûr que ce serait un obstacle invincible. Tout le monde en jugea de même ; par conséquent Heavysides et son idée furent congédiés ensemble, après toutefois qu'il eût exprimé le désir de laisser le capitaine entièrement libre dans sa décision.

— Eh bien ! messieurs, dit Gillop, après les maris je deviens le plus responsable et l'on compte sur moi, comme commandant à bord. J'ai réfléchi sur cette affaire très sérieusement, et je suis prêt. Monsieur Purling, votre proposition de laisser parler la voix de la nature n'a pas amené le résultat espéré. M. Sims, jouer à pile ou face pour savoir quel est le père, n'entre pas dans mes idées. Cela ne saurait trancher des questions aussi graves ; mais, messieurs ! j'ai mon projet, et maintenant je vais en faire l'expérience. Suivez-moi en bas, messieurs, dans la cuisine du commis des vivres.

Les témoins se regardèrent l'un l'autre, avec un grand étonnement, et suivirent.

— Saunders, dit le capitaine en s'adressant au commis des vivres, ôtez les balances.

Elles étaient dans le genre accoutumé pour les cuisines, avec un plateau en fer blanc d'un côté pour contenir l'article qui devait être pesé, et une grosse plaque de fer de l'autre côté pour soutenir les poids. Saunders posa ses balances sur une jolie petite table faite pour cet usage.

— Mettez un torchon propre dans le plateau, dit le capitaine au docteur; fermez les portes des deux cabines, de crainte que les femmes n'entendent quelque chose, et faites-moi le plaisir de m'apporter les deux bébés.

— Oh! monsieur, s'écria Mme Drobble qui avait regardé furtivement à la porte, oh! monsieur, ne faites pas de mal à ces petits chéris! S'il y a quelqu'un qui doive souffrir, que ce soit moi!...

— Taisez-vous, s'il vous plaît, madame, dit le capitaine; si vous désirez conserver votre position, gardez le secret de ce que vous savez. Si ces dames demandent leurs enfants, vous leur direz qu'elles les auront dans dix minutes.

Le médecin entra et posa à terre, dans la cuisine, la corbeille changée en berceau. Le capitaine mit ses lunettes et fit l'examen des deux innocents qui étaient sous ses yeux.

— Six pour l'un et une demi-douzaine pour l'autre, dit le capitaine. Je ne vois aucune différence entre eux. Attendez un peu! Oui, je vois : un des bébés est chauve; très bien. Nous commencerons avec celui-là; docteur, déshabillez le bébé chauve, et mettez-le dans les balances.

Le bébé chauve protesta contre ce traitement, dans un langage à lui; mais ce fut inutile. En deux minutes il était sur le dos dans le plateau de fer blanc, le torchon sous lui pour l'empêcher de sentir le froid.

— Pesez bien juste, Saunders, continua le capitaine ; si c'est nécessaire, pesez-le jusqu'à la huitième partie d'une once. Messieurs, surveillez avec attention, c'est d'une grande importance.

Pendant que le commis des vivres pesait l'enant, et que les témoins le surveillaient, le capiaine demanda à son premier aide son livre de loch, une plume et de l'encre.

— Combien pèse-t-il? interrogea le capitaine en ouvrant le livre.

— Sept livres une once et quart, répondit le commis des vivres.

— Est-ce que c'est juste, messieurs ?

— Parfaitement, répondirent les témoins.

Il inscrivit dans le livre de loch :

« Un enfant chauve, distingué par le n° 1, dont le poids est de sept livres une once et un quart. »

— Très bien.

— Maintenant, nous remettons le bébé chauve, docteur, et nous pèserons le bébé aux cheveux.

Le bébé aux cheveux tenta de protester aussi, mais inutilement.

— Combien pèse-t-il, Saunders?

— Six livres quatorze onces et trois quarts.

— C'est juste, messieurs?

— Très juste.

Il écrivit encore :

« Un enfant avec cheveux, distingué par le n° 2. Poids : six livres quatorze onces et trois quarts. »

— Je vous suis bien obligé, Jolly; c'est assez. Lorsque vous aurez remis l'autre enfant dans le berceau, prévenez Mme Drobble que ni l'un ni l'autre ne doit en être ôté jusqu'à nouvel ordre. Puis veuillez bien nous rejoindre sur le pont, parce que j'ai quelque chose à vous dire. Nous ne serons pas exposés à être entendus par ces dames.

Sur ces mots, le capitaine monta sur le pont

et le premier aide le suivit avec le livre de loch, la plume et l'encre.

— Maintenant, messieurs, commença le capitaine, dès que le médecin eut rejoint l'assemblée, nous ferons la lecture d'un récit que j'ai écrit moi-même sur le livre de loch, et qui résume cette affaire depuis le commencement jusqu'à la fin. Si tout le monde convient qu'il correspond avec le compte rendu du poids des enfants, chacun voudra bien mettre sa signature en qualité de témoin.

Le premier aide lut les notes, et les témoins mirent leurs signatures. Le capitaine toussa un peu et il harangua son auditoire en s'exprimant ainsi :

— Vous conviendrez avec moi, messieurs, que la *justice* est la *justice*. Voici mon navire de cinq cents tonnes, avec des espars qui correspondent au poids du vaisseau. Dites donc, s'il était une goëlette de cent cinquante tonnes, entre nous, dans ce cas, le plus grand cours d'eau ne mettra pas de mâts pareils à ceux de cette petite goë-lette. Assurément non. Il faut donc mettre les espars en proportion de sa grandeur. Et il me semble que nous devons agir en partant du même principe, dans cette grave affaire. Voici ma décision : il faut donner le plus lourd des deux bébés à la femme la plus lourde; par conséquent le plus léger appartiendra à l'autre femme. Dans une semaine nous toucherons à un port, et si l'on trouve une méthode plus merveilleuse que la mienne, je serai heureux de la voir appliquer. Cet honneur appartiendra peut-être aux pasteurs ou aux avocats de la terre ferme!

Le capitaine termina ainsi son discours, et le conseil assemblé sanctionna la proposition qui lui était soumise, à l'unanimité. Ensuite on demanda à M. Jolly de constater le poids de ces dames. Il décida sans hésitation en faveur de la femme du menuisier. Il n'y avait pas à hésiter pour savoir quelle était la plus grande et la plus grosse de ces deux femmes; sur quoi on porta le bébé chauve, ou n° 1, dans la cabine de Mme Heavysides, et le bébé aux cheveux, ou n° 2, fut destiné à Mme Smallchild. La voix de la nature n'éleva pas la plus légère opposition. Avant les sept heures, M. Jolly affirmait que les mères et les fils, à tribord et à bâbord, étaient aussi heureux qu'on peut l'être n'importe où. Par conséquent, le capitaine renvoya le conseil en lui disant :

— Maintenant, messieurs, nous allons hausser les bonnettes, et nous ferons de notre mieux pour arriver bientôt dans un port. Préparez le déjeuner, Saunders, pour dans une demi-heure. Guignon, si cette malheureuse madame Drobble a entendu la fin de cette affaire, il faut, messieurs, que nous la persuadions que tout est bien arrangé, et, si elle persiste à se méfier, une fois arrivés à terre, il faudra la faire haranguer par des pasteurs et des avocats.

Mais les pasteurs et les avocats ne firent rien ; par cette raison qu'il n'y avait rien à faire.

Au bout de dix jours, le vaisseau arriva dans le port, et l'on dit aux mères avec précaution ce qui était arrivé. Chacune d'elles, ayant soigné son bébé pendant dix jours, l'adorait. Chacune d'elles n'en savait pas plus que Mme Drobble. Toutes les expériences jusqu'alors avaient échoué.

Et me voici, en conséquence de tout ceci, un pauvre diable sans rang et sans le sou. Oui, j'étais le bébé chauve de cette époque mémorable ! Mon poids fit fatalement pencher la balance **et** m'emporta de l'autre côté du bonheur ; M. Schmallchild qui possédait assez d'intelligence, lorsqu'il n'avait pas le mal de mer, fit fortune. Simon ne cultiva que l'augmentation de sa famille, et mourut à l'hôpital.

Vous voyez ce qui advint pour ces deux enfants nés sur la mer. J'ai su que l'enfant aux cheveux ressemble merveilleusement à Heavysides. Moi, qui suis grand de taille, je ressemble en cela au menuisier. Mais j'ai les yeux de la famille Smallchild, les cheveux et l'expression de leur figure. Faites ce que vous voudrez de ce problème ; mais il se résoudra toujours de cette manière pour moi : Smallchild fils, prospère dans le monde, parce qu'il pesait six livres quatorze onces trois quarts. Heavysides fils ne peut arriver à rien, parce qu'il a pesé sept livres une once et un quart. Et si la croûte extérieure de saleté qui recouvre le visage de M. l'Ermite, lui permettait de rougir, je l'engagerais à rougir, pour donner par ce témoignage de honte un témoignage de conscience! »

V

RAMASSANT UN PORTEFEUILLE

Plusieurs personnes se montrèrent en même temps à la porte de l'Ermite. Celui-ci ne manquait jamais de leur demander si elles voulaient lui faire la grâce de lui raconter quelque chose qui se fût passé ou qui se passât actuellement dans le monde vivant? Ce fut en réponse à cette demande qu'un monsieur, à la figure hâlée, aux yeux brillants qui annonçaient l'énergie et l'aplomb, et dont l'expression de curiosité qui s'y mêlait disait assez qu'il venait de la ville pour contempler ce spectacle de suie et de cendres, commença ainsi son histoire :

« L'heure de la sortie de bureau était arrivée, et tous nous ôtions nos chapeaux, des crochets où ils étaient suspendus; les grands-livres étaient fermés, les papiers mis sous clef. La tâche journalière était terminée, lorsque le caissier, homme blanchi par le travail, s'approcha de moi d'un air tendre :

— M. Walford, dit-il, auriez-vous l'obligeance de rester un moment? Voulez-vous passer par ici, on désire vous parler?

Pour le bon vieux Job Wigintov, les maîtres étaient des êtres sacrés; il avait été au service de la maison pendant le quart d'un siècle, il avait rempli ses fonctions avec une fidélité et un respect exemplaires. Job Wigintov, le premier associé de la maison, ainsi que moi, nous étions Anglais. Job avait tenu les livres de MM. Spallding et Hausermann pendant vingt ans à Philadelphie et il avait suivi ses patrons dans la Californie, lorsque cinq ans auparavant ils s'étaient décidés à s'établir dans la cité de San-Francisco.

Les jeunes commis, qui étaient pour la plupart des Français ou des Américains, se trouvaient un peu disposés à railler l'honnête et vieux caissier. Mais lui et moi fûmes toujours de bons amis; pendant les quatre années que je restai là employé, j'éprouvai un sincère respect pour les réelles qualités du vieillard. Cependant la communication qu'il venait de me faire d'une manière cérémonieuse m'embarrassait un peu.

— Ces messieurs désirent me parler ? balbutiai-je en sentant le rouge me monter au visage.

Le vieux Job fit un signe affirmatif. Il toussait, il essuyait ses lunettes avec soin ; j'avais remarqué, en dépit de mon trouble, que le caissier était triste et rêveur, sa voix était émue, sa main tremblait. Lorsqu'il posa ses lunettes, ses yeux bleus parurent briller sous des larmes naissantes. Tout en suivant Job dans la salle intérieure où les négociants se réunissaient d'ordinaire pendant leur travail, mon esprit rêvait péniblement d'où pouvait provenir cet appel inattendu. Autrefois j'avais été lié avec mes patrons ; mais depuis trois mois mon intimité, surtout avec le premier associé, s'était bornée aux affaires de la routine journalière. Ce n'était certes pas que l'estime de mes patrons eût diminué pour moi. Loin de là, — car leurs égards étaient toujours les mêmes, — mais la cordiale intimité n'existait plus entre nous.

Cette froideur partielle datait du jour où j'avais

osé dire au riche négociant que j'aimais sa fille unique, et que mon affection était payée de retour. Je lui avais dit cela, pendant qu'Emma Spalding était à côté de moi, et qu'elle souriait et rougissait en écoutant mes paroles. C'était une vieille histoire ; nous étions alors tous deux très jeunes. Nons avions vu le jour dans le même foyer, nous avions les mêmes croyances, — nous étions faits l'un pour l'autre à tous égards, à l'exception de la richesse. Nous habitions ensemble dans un pays étranger, et parmi des étrangers.

On nous avait permis de nous voir fréquemment, de lire des vers, de chanter des duos. Emma n'avait pas de mère pour la protéger contre l'amour de prétendants pauvres. M. Spalding était un homme fier, qui n'avait nulle méfiance, par excès d'orgueil. Par conséquent nous glissions, comme ont fait des milliers de couples, de l'amitié à l'amour ; l'idée qu'Emma aurait une dot considérable ne m'attirait point, mais l'amour seul amena l'heure où de douces paroles et de tendres regards devaient entraîner l'aveu d'un attachement. Je parlais à Emma sans réfléchir que M. Spalding porterait sur moi un faux jugement, et serait implacable pour le pauvre commis qui avait osé s'emparer des affections de sa fille.

Je dois rendre justice à M. Spalding : il rejeta ma proposition dans les termes les plus doux, les plus courtois que les circonstances malheureuses pussent admettre. Je ne m'éloignai pas moins de sa présence avec le cœur serré. Une profonde tristesse s'empara de mon âme, je conçus le projet de me retirer du monde, de mener une vie excentrique et inutile, puis je regrettai cette pensée comme étant coupable. C'est ainsi que gardant mon emploi, je cessai de visiter mon patron en qualité d'ami particulier. Ma douleur se soulageait à la pensée que je respirais le même air qu'Emma, que j'obtenais un regard de ses yeux doux et tristes, lorsqu'elle allait à l'église, bien que pendant trois longs mois nous n'échangeâmes pas un mot.

Je ne fus donc pas peu surpris, lorsque Job Wigintov me dit que j'avais à paraître devant mon patron. Mon cœur battit quand le vieux caissrie tourna le bouton de la porte. Moi qui m'étais scrupuleusement abstenu de me présenter sans autorisation, selon la promesse que j'avais faite, moi qui m'abstenais aussi d'une chère correspondance autrefois mystérieusement commencée ! — Que veulent-ils? Allais-je apprendre que le prétendant rejeté était peu convenable même pour un serviteur, et que tout rapport devait cesser? Je trouvai ces messieurs dans la plus grande des deux chambres contiguës, laquelle était tendue à la mode espagnole de cuir imprimé et doré et meublée d'acajou foncé d'Honduras. M. Spalding, un homme grand, maigre, et aux cheveux blancs, marchait d'un pas agile dans l'appartement. M. Hausermann, un Allemand, était assis devant une table couverte de papiers et prononçait de temps à autre des mots d'étonnement, d'un air de perplexité sans espoir. Le caissier entra avec moi et ferma la porte.

— Ah! mein Himmel, murmura le plus jeune associé qui était un homme gras et robuste, d'une nature flasque, — ah! dit-il avec un ton allemand, il vaudrait mieux n'être jamais né que de voir de telles choses.

Job Wigintov poussa un gémissement de sympathie sincère. Je vis tout de suite qu'il y avait quelque chose de mauvais, et je compris aussi vite que cela n'avait nul trait à mon affection pour Emma. — Il y a toujours un spectre hideux qui hante l'imagination des intelligences inférieures d'une maison de commerce : c'est la banqueroute. Mais les patrons avaient été si prudents. — J'eus peu de temps pour réfléchir. M. Spalding s'arrêta dans sa promenade, il se rapprocha brusquement et me prit par les deux mains.

— Georges, me dit le vieux négociant avec la plus vive émotion dans la voix, et le visage pâle, depuis quelque temps je n'ai pas été bon pour vous, — vous vous êtes toujours montré un ami pour moi auparavant.

Puis il rougit, et cessa de parler.

Je regardai M. Hausermann, mais il avait un air si étrange, assis dans son fauteuil en murmurant des phrases dans sa langue maternelle, que je voyais qu'il n'y avait rien à attendre de lui en fait d'explication. Je dis à M. Spalding, d'un ton aussi assuré que possible, que notre estime mutuelle avait survécu à notre intimité, que je me sentais toujours un ami fidèle pour lui et sa famille, et que je le lui prouverais en toute occasion.

— C'est aussi ce que je pensais. C'est ainsi que je pensais, dit le négociant, ayant l'air satisfait pendant un moment. Vous êtes un bon enfant, Georges. Voilà pourquoi je m'adresse à vous dans ce jour... lorsque... mais n'importe !

— J'ai toujours proclamé, s'écria M. Hausermann, que M. Georges Walford est un excellent garçon.

Quoique M. Hausermann eût séjourné le quart d'un siècle parmi les Anglo-Saxons, il n'était pas arrivé à parler la langue anglaise dans sa pureté. Sa vie, à vrai dire, hors les heures de bureau, se passait entièrement avec les Teutons qui fourmillaient partout en Amérique. Il pouvait jouir avec eux de la conversation allemande, du vin du Rhin et du café de leur pays natal. Je n'arriverais jamais à la fin de mon entrevue, si je vous décrivais les phrases entrecoupées et vagues du plus jeune des associés, et les remarques de Job Wigintov. Le caissier de confiance sympathisait avec la détresse de son patron, comme aurait pu faire son chien fidèle. Il était capable de suggérer un remède. M. Wigintov était digne de toute confiance. Il était aussi discret que le ciel, aussi honnête que le jour ; quant aux calculs, à la tenue des livres, à la fermeture des caisses, il était une véritable mécanique. M. Hausermann était un arithméticien admirable. Il pouvait découvrir une erreur d'un demi-sou dans un problème qui concernait des millions. Son écriture était magnifique. Cependant il devait sa position actuelle dans le commerce non pas à ses talents, mais aux florins dont il avait hérité, comme à l'esprit et à l'énergie de son associé anglais. Ce fut du chef de la maison que j'appris l'histoire suivante : M. Spalding n'avait que deux enfants : Emma et son frère Adolphe ; sa femme était morte pendant le voyage de Philadelphie. Ses affections s'étaient concentrées sur ses enfants. Malheureusement Adolphe tournait mal, il était insouciant et prodigue ; il mangeait la pension que son père lui faisait, parmi les jockeys et les joueurs. M. Spallding, homme sévère avec tout le monde, était un peu trop indulgent avec son fils. Le jeune homme était assez beau et d'un caractère agréable. Il avait été chéri de sa mère. Il marchait de plus mal en plus mal, il faisait des dettes énormes, se lançait dans de mauvaises compagnies. Il était rarement à la maison, et altérait sa santé par les excès qu'il commettait.

Je savais tout cela, puisqu'Adolphe était commis dans la maison, c'est-à-dire en avait le titre, car il ne venait presque jamais au bureau ; mais j'ignorais qu'il eût été poussé à voler son père pour payer plusieurs dettes d'honneur. Il avait fait une fausse signature de Spalding-Hausermann, pour un billet de trente mille dollars, payables à vue, et qui devait être touché par les négociants chez leur banquier à New-York. Puis il avait pris dans le bureau de son père un portefeuille contenant des billets qui montaient à une grande somme et il l'avait donné au même associé qui avait entrepris de présenter le bon au caissier de la banque à New-York.

— Ce scélérat est déjà parti pour le Nord, dit M. Spalding ; il est parti mardi dernier par la route de Panama. Sans doute vous le connaissez, car il était bien connu de tout le monde dans la ville.

— C'est Joram Nechlov, « le docteur Joram Nechlov ! » m'écriai-je en me frappant le front et en me rappelant la figure brune et spirituelle du jeune homme qui avait un langage doré et qui autrefois éditait un journal à San-Francisco.

— Oui, c'est le docteur Nechlov, répondit M. Spalding avec un sourire amer. Il paraît qu'il a pris un grade imaginaire dans l'armée; il se dit colonel pendant le voyage. Il avait beaucoup d'influence sur mon fils. C'est lui qui l'a incité à faire ce vol maudit. Je n'ai pas le moindre doute qu'il n'eût l'intention de s'emparer de la somme entière.

Je demandai à M. Spalding, avec autant de délicatesse que je le pus, comment il avait obtenu ce renseignement.

Il paraît qu'Adolphe, qui était épuisé par la vie qu'il menait, avait été pris par la fièvre après le départ de son associé.

— Le malheureux garçon est étendu sur son lit, entre la vie et la mort, dit le père d'une voix tremblante. Et pendant son délire il a avoué sa culpabilité.

Sa sœur, qui a veillé à son chevet comme un ange, avait peur en l'entendant s'accuser. La chère enfant m'a appelé. Et j'ai appris de mon fils, dont j'étais si fier, comment il m'avait trompé, volé !

Le vieux négociant chancela. Je voyais tomber ses larmes entre ses doigts. Il essayait de cacher les convulsions de sa figure ridée.

Peu à peu il devint plus calme. Puis, il avoua le projet qu'il avait formé. Ce projet démontrait sa fermeté habituelle, son caractère courageux. C'était nécessairement, et avant tout, de sauver l'honneur de sa maison. La valeur de la somme que l'on risquait de perdre était peu importante en comparaison de la honte d'une tache sur le nom des Spalding. — Oui, coûte que coûte, cet acte déshonorant devait être caché. Il ne fallait pas que le bon fût présenté. Il ne fallait pas que les billets fussent négociés. Mais comment empêcher le complice de réaliser les profits de ce trésor volé. Il était parti, il allait avec la plus grande hâte vers New-York, par la route la plus courte de Panama. Il serait là en quelques semaines. Le poursuivre lui paraissait impossible ; attendre le départ de la prochaine Malle, serait fatal.

Je me souvins du Pony-Express qui était de la plus grande vitesse. C'était le moyen par lequel nous autres, résidents de la Californie, pouvions communiquer le plus promptement avec le monde civilisée. Je suggérai cette ressource.

M. Spalding secoua la tête.

— Non, dit-il, cela ne vaut rien. Je pourrais envoyer une dépêche pour arrêter le paiement du bon. Je pourrais peut-être faire que Nechlov fût arrêté à son arrivée à New-York, mais il s'ensuivrait des soupçons, et l'affaire serait publiée dans les journaux avant qu'une semaine se fût écoulée. Non, continua-t-il, je n'ai qu'une espérance, une chance : il faut que j'envoie une personne en qui j'aie toute confiance. Je suis trop vieux pour aller moi-même. Il faut que ce soit une personne qui se hâte de se rendre à New-York par la route périlleuse des montagnes. Il faut qu'il arrive là avant Nechlov et lui arrache les papiers ou par stratagème ou par violence. Georges Walford, vous êtes l'homme que j'ai choisi pour accomplir cet acte de dévouement.

— Moi, monsieur ?

J'étais comme hébété. Pareille à un panorama, devant moi se déroulait la longue route dont on n'avait que récemment fait l'exploration. C'était une route féconde en dangers. Tout ce que j'avais entendu ou lu des voyages dans les prairies, de la famine, du feu, des assauts des bêtes féroces et des ennemis humains encore moins miséricordieux, revenait à mon souvenir. La pensée de la grande distance, des fatigues herculéennes à subir, de la barrière glaciale des montagnes rocailleuses qui s'étendaient à travers la route, comme si elles voulaient barrer le passage aux hommes présomptueux, tout cela me hanta.

Bien que je ne sois pas moins courageux qu'un autre, j'ose dire que ma contenance exprimait l'effroi d'une horrible répugnance. Je suis certain que M. Hausermann s'en aperçut, car il gémit et dit :

— ... Hélas! que ferons-nous ?

— Monsieur Walford, dit Spalding, je ne veux pas dissimuler avec vous. Je vous demande d'entreprendre un voyage qui entraînera de grandes fatigues et des dangers. Je vous demande même de risquer votre vie pour sauver l'honneur de la maison et l'honneur de ma famille. Je ne vous fais pas une telle demande, sans vous proposer une récompense proportionnée.

— Écoutez-moi ! Je ne vous offre pas de l'argent. Revenez avec un succès, je vous prendrai comme associé dans la maison Spalding et Hausermann et, dans trois mois d'ici, si vous et Emma vous pensez comme autrefois...

Je tremblais de joie en entendant mon patron.

— Monsieur, lui dis-je, j'irai très volontiers et avec plaisir.

— Voilà un brave garçon, je savais bien qu'il irait, exclama l'Allemand ; et il se frottait les mains de joie.

— Quand pensez-vous être prêt à partir? demanda monsieur Spalding.

— Tout de suite, monsieur, dans une demi-heure, si vous voulez.

— Bien, dans une heure, dit-il en souriant de mon ardeur. Bodesson sera à la porte dans une heure avec la voiture, et les meilleurs chevaux. Il faut garder vos forces autant que possible. Je vois que vous avez un bon fusil. Prenez les choses nécessaires pour le voyage, mais du moindre volume possible. Je vous donnerai une ample provision d'argent, dépensez-le libéralement, même avec prodigalité, et n'épargnez en route ni les chevaux ni l'or. Je sacrifierais la moitié de ma fortune pour vous savoir promptement sur le pavé de New-York. Vous êtes un ambassadeur à carte blanche, Georges, et votre esprit et votre courage nous apporteront le succès sans doute. Maintenant, préparez-vous à vous mettre en route.

J'avais l'air d'attendre.

— Avez-vous quelque autre chose à me dire? demanda le négociant, avec bonne humeur.

— Oui, monsieur; ne pourrais-je parler un instant seulement à mademoiselle Spalding?

— Elle est au chevet de son frère, répondit le vieillard avec empressement. Mais soit! vous avez raison, vous la verrez avant de partir.

Il me sembla que je ne faisais qu'un bond de cette maison à l'endroit où j'habitais. Je ne passai que dix minutes à arranger mes affaires. C'est merveilleux combien un homme, sous l'influence d'une grande exaltation, peut faire de choses en dix minutes. Je chargeai mon revolver, je mis quelques vêtements dans un sac de voyage, je courus chez M. Spalding comme une levrette. Il me donna d'autres ordres, en me présentant un gros paquet de pièces d'or et d'argent, ainsi qu'un paquet de billets de banque, et me dit que je devais garder les billets jusqu'au moment où j'atteindrais le monde civilisé. Car il fallait que je fisse des douceurs en pièces d'argent aux tribus errantes et à moitié civilisées de l'occident. M. Spalding parlait encore, lorsque Bodessan, l'un des principaux entrepreneurs de voitures de remise de San-Francisco, fit arrêter ses chevaux espagnols à la porte. Puis le négociant monta les escaliers et revint accompagné d'Emma. Chère enfant! Elle était pâle et maigrie; mais elle avait des yeux brillants et aimants, des paroles pleines d'esprit et de constance. Elle me donna du courage et la résolution de faire mon devoir ou de mourir. Notre séparation fut très prompte : seulement quelques mots murmurés en hâte, un renouvellement de nos anciens vœux et de nos fiançailles. Je la pris dans mes bras et la baisai au front. Un moment après j'étais parti. Je me mis à côté de Bodessan, le fouet se fit entendre, ses chevaux volèrent le long de la rue. Nous tournâmes et bientôt nous nous trouvâmes lancés à grande vitesse sur la route.

Bodessan était bien payé ; il conduisait ses chevaux fougueux à bride abattue. Il me semblait que notre départ était gai et s'effectuait sous de bons auspices. J'avais l'espérance dans le cœur. Le créole français, assis à côté de moi, était un bon compagnon. Il chantait des chansons du Canada, il sifflait, il caressait les chevaux bondissants, il parlait sans cesse.

— Monsieur va aux prairies? me demandait-il. Ah ! très bien ! Les prairies sont très curieuses à voir, très... Mais monsieur devrait prendre garde en arrivant là ; il ne doit pas s'éloigner de la protection des dragons, ou bien les sauvages, les Indiens féroces arracheront les cheveux à monsieur !

Cet homme croyait que j'allais à Salt-Lake-City pour des affaires et pensait que je voyagerais avec une caravane sous l'escorte des dragons de l'État. Qu'eût-il dit s'il avait su que je devais traverser seul ce pays ?

Mon voyage sur les bords orientaux de la Californie, n'est pas d'une nature assez remarquable pour que je m'appuie sur les détails. En dépensant beaucoup d'argent, je continuai ma route presque toujours dans des voitures plus ou moins rudes, et j'allais à un assez bon pas sur des routes médiocres. Je dormais de temps en temps pendant la nuit, quand je n'étais pas trop cahoté.

Parfois rien ne pouvait persuader les conducteurs américains à risquer les périls d'une route pierreuse pendant les vents; alors je rétablissais mes forces par le repos. Mais j'étais toujours prêt à continuer mon voyage au chant du coq. Je réfléchissais que tout ce que j'aurais à faire et à souffrir était un jeu d'enfant en comparaison de la récompense qui m'attendait.

Monsieur Spalding savait que je montais bien à cheval, que j'étais adroit dans le maniement des armes et que j'avais un tempérament robuste. Je n'avais pas été élevé pour un bureau. Mon père avait été riche, mais à l'époque de sa mort il était dans l'embarras; il me fallut alors combattre contre le malheur. Autrefois j'avais mes chevaux de course à Oxford, et j'aimais passionnément le sport. J'avais l'habitude de prendre beaucoup d'exercice. C'était le moment de profiter de ces avantages. J'étais embarqué dans une entreprise pleine de périls. Je pouvais mourir de faim dans le désert, si mon crâne ne noircissait pas dans la fumée, chez quelque Indien ; la fièvre ou la fatigue pouvait m'enlever la vie avec mes espérances, ou je pouvais atteindre New-York trop tard. C'était une pensée amère que de songer que Joram Nechlov s'avançait vers le nord avec toute la vitesse d'un grand vaisseau à vapeur. Cette idée seule me faisait bondir et frapper du pied avec violence sur les planches de la voiture, comme si je pouvais hâter le trajet par un tel geste. Ah ! comme e priais que les vents contraires retardassent le navire dans son parcours d'Asprinval à l'Empire City !

J'arrivai à Carsan-City, sur la frontière du désert, et là je fis une petite halte afin de me préparer par tous les efforts possibles à arriver au but de mon voyage. Je savais bien que la partie de la route la plus dangereuse et la plus difficile se trouvait entre la Californie et les colonies de Mormons. Une fois au-delà du territoire d'Utah, je pouvais espérer échapper aux flèches ou tomahawks des sauvages. Je trouvai la ville de Carsan pleine d'émigrants qui revenaient de leurs voyages, de chercheurs d'or qui alloient aux États atlantiques, chargés de leurs trésors pillés, de marchands qui avaient vidé leurs voitures aux marchés californiens. Ces bonnes gens attendaient tous l'escorte régulière des dragons nationaux, sous la garde desquels ils devaient voyager. Il était impossible, dans les conjonctures qui donnaient lieu à mon voyage, d'aller si lentement. J'achetai un sac de bœuf séché au soleil, un sac de blé, des couvertures et un fort cheval bien accoutré d'une bride, d'une selle mexicaine. Je me procurai ce dernier article d'un marchand américain qui s'était fort amusé à l'idée que j'allais cheminer tout seul dans les prairies.

— Vous avez bon courage, monsieur, me dit-il, mais vous feriez mieux de dormir encore ici un jour, afin de réfléchir en vous réveillant à ce que vous allez faire. Ces Indiens vous relèveront les cheveux, aussi sûr que les porcs donnent du lard. Vous ne voulez pas me croire, allez donc demander l'avis d'un autre que moi.

Il m'entraîna vers une sorte de cabaret où il y avait une foule d'hommes et de femmes, des Français et des Espagnols, des Allemands, des Américains et des mulâtres qui entouraient un grand jeune homme aux cheveux noirs ; celui-ci portait un costume à moitié militaire qui lui donnait l'air d'un sergent de ville, s'il n'eût pas eu une chemise de flanelle rouge et un sombrero mexicain. Il avait les traits durs; le travail constant, le temps, l'avaient réduit à n'avoir que des muscles et des os. Il portait des bottes à éperons, il faisait claquer un fouet, pendant qu'il causait gaiement avec la foule qui riait de son esprit, — d'une façon qui montrait qu'il était le favori de tous. En fait, il était un des écuyers du « Pony-Express » et tout prêt à partir avec le sac de dépêches, dès que le courrier arriverait de San-Francisco.

— Oui, colonel, oui, mes jeunes filles, disait-il, je suis bien fâché de vous quitter, mais le devoir m'appelle. Si les Indiens ne m'attrapent pas...

— Vous attraper, Shem? Est-ce que l'on peut attraper une belette? s'écria un de ses admirateurs.

— Bien ! — dit Shem d'une voix modeste mais d'un air fanfaron, — les scélérats ont essayé cela une ou deux fois, mais ils ont trouvé à qui parler; Shem Grindrod était plus difficile qu'ils ne se l'étaient imaginé. Lorsqu'un homme est élevé au Kentucky, il n'est pas facile de lui arracher les cheveux.

Son regard était tombé sur moi et il me dit :

— Monsieur l'étranger, je vous souhaite le bonjour!

— Shem, dit le marchand de chevaux, voici un monsieur qui désire traverser le paso tout seul à cheval, qu'en dites-vous?

Il y eut un rire général. Shem ôta son chapeau avec un respect moqueur.

— Ah! ah! voilà ce que j'appelle du vrai courage de la part d'un dandy de l'est! Monsieur, je compte que vous verrez les serpents. Je vous dirai qu'on vous volera votre cheval, ou qu'il sera mangé par des loups, et vous vous égarerez et vous mourrez faute d'un dîner, si par hasard vous n'avez pas une rencontre avec les Indiens.

Je connaissais trop bien les Américains pour faire grande attention à ce que Shem me disait. Évidemment Shem me prenait pour un homme présomptueux qui voulait essayer de se mettre dans la gueule d'un lion, et il désirait décourager ma témérité. Je réussis à le faire venir près de moi, et je m'entretins avec lui dans une intimité de voyageur. Je lui dis que j'allais me diriger vers les états orientaux, que ma mission était impérieusement pressante et que, s'il voulait m'aider, je le paierais généreusement. Shem me répliqua qu'une telle concession serait contre toutes les règles, qu'enfin c'était une chose à laquelle il ne fallait pas penser, et que je devrais attendre une caravane.

Je n'attendis nullement et partis le jour même. Tous les habitants de Carsan poussèrent des cris ironiques quand je passai à cheval par les rues irrégulières de la ville, — secouant la tête, comme s'ils regardaient un homme qui va se suicider.

J'allais aussi vite que possible. J'étais monté sur un fort cheval, un de ces animaux élevés au Kentucky ou au Tennessee et qui se vendrait à tout prix sur les bords occidentaux de la prairie. Il était assez facile de trouver le chemin pendant le jour. Il y avait un grand sentier fait par les voitures innombrables et les bêtes de somme. J'avais un compas, mais à vrai dire je n'en avais pas besoin, et ce jour-là je fis plusieurs lieues. Parmi les ruisseaux qui se jettent dans la rivière

Carsan, il en est qui arrosent des fermes où l'on se procure assez facilement du blé pour un cheval et de la nourriture pour un homme.

Je pris la résolution de faire deux choses : d'abord d'économiser autant que possible ma provision de bœuf, et puis de refuser toutes les offres hospitalières de whisky. Je poursuivis ma route en me reposant de temps en temps, et je gardai la piste aussi longtemps que je pus profiter du clair de lune. Je poussai mon cheval, qui commençait à se lasser, jusqu'aux dernières limites de ses forces. Puis, lorsqu'il fit noir, je descendis de cheval et j'attachai la bête de manière à ce qu'elle pût manger. Je me couchai, enveloppé de couvertures ; la selle me servit d'oreiller et je m'endormis.

Je me réveillai en sursaut au milieu des ténèbres. Je ne pouvais pas bien me rappeler où j'étais. C'était les mouvements brusques de mon cheval qui se trouvait mal à l'aise, qui m'avaient réveillé. J'entendis une sorte de frôlement parmi les longues herbes, et comme des bruits de pas dans le buisson, tels que de chiens qui auraient cherché leur nourriture. Des chiens? Il n'y a as de chiens ici. C'étaient des loups. Mon cheval tremblait, il était trempé de sueur. Ma vie dépendait de sa sûreté. Je n'avais pas allumé de feu, craignant que la lumière n'attirât des sauvages errants et maintenant les coyotes se rassemblaient autour de nous, pareils aux mouches qui se groupent autour du miel. Je ne craignais rien, car le loup d'Amérique diffère beaucoup de la bête grise des forêts allemandes ou des neiges des Pyrénées. Mais ma pauvre monture était en danger, et la frayeur ajoutait une mauvaise chance de plus à l'épuisement de son long et fatigant voyage. Je me relevai et commençai à chercher, en tâtonnant près des broussailles. Heureusement j'étais dans une région bien arrosée où les arbustes et d'autres petits arbres abondaient et où les arbres à coton gigantesques élevaient leurs tiges majestueuses à côté des ruisseaux. Bientô j'arrivai à un massif de broussailles, j'en cassai autant que j'en pus porter, et j'allumai du feu avec un peu de difficultés, car la rosée restait toujours sur les herbes et le bois humide exhalait des nuées de fumée noire ; je ne pus donc réussir à faire briller la flamme tout de suite.

Pendant tout ce temps, j'étais obligé de pousser des cris et de frapper ma tasse de fer blanc contre le canon de mon révolver pour intimider les loups, et il me fallait caresser le pauvre cheval qui tirait la corde à laquelle il était attaché, de façon à la rompre.

Enfin à ma grande joie le feu rouge parut, et sa flamme éclaira un petit morceau de la prairie. Et je voyais rôder tout près de ce petit espace illuminé, les coyotes, les plus petits, les plus timides, mais, en même temps, les plus rusés des loups américains.

Bientôt je jetai une torche flamboyante parmi la meute, ce qui la fit disparaître dans les ténèbres, mais pendant une demi-heure, j'entendis leurs hurlements qui devenaient de plus en plus faibles.

Après la disparition des loups, mon cheval fut plus tranquille. Je retournai à mes couvertures et à mon repos, après avoir mis un grand monceau de broussailles sur le feu. Un froid terrible me réveilla. Le feu était presque éteint. Un ciel gris s'étendait au-dessus de ma tête. Les myriades d'étoiles avaient cette nuance pâle qui annonce l'aube. L'herbe de la prairie était balancée de tous côtés avec une confusion sauvage. Le vent du nord soufflait violemment. C'était ce vent froid qui souffle chaque année à la fin de la mauvaise saison ; il se produisait en effet, perçant et glacial, à travers la rangée des montagnes rocailleuses, mais je le saluai avec bonheur, car je savais qu'il était défavorable au vaisseau à vapeur qui voguait dans les eaux mexicaines et qui portait Joram à son bord.

Lorsque le soleil se leva dans ce ciel bleu pâle, la nature prit une apparence plus gaie. Les flocons de verglas fondirent. L'air devint agréable à mesure que le froid diminuait.

Nous poursuivîmes notre voyage, en suivant la piste des grandes voitures ; mais je remarquai avec quelque effroi, que mon cheval n'était plus l'animal fougueux qui piaffait si gaiement lorsque nous quittions Carsan le jour précédent. Il était certain que je l'avais trop poussé. Il allait doucement, d'une façon qui m'alarmait ; qu'y faire ? j'avais beaucoup d'argent, mais l'argent ne procure pas un talisman dans la solitude. Entre la place où j'étais et le Lac Salé, il n'y avait pas même une ferme.

Ma seule chance de me procurer un autre animal, était de rencontrer quelqu'un qui voudrait m'en vendre un, et c'était très impossible. Je réfléchissais amèrement, lorsque j'entendis les pas légers d'un cheval qui venait au galop derrière moi. Je tournai la tête, et je vis un cavalier qui filait gaiment sur la prairie. Son habit, à moitié ouvert, montrait une chemise de flanelle rouge; et son sombrero mexicain était garni d'un cordon d'or terni. Il avait une carabine à l'arçon de sa selle, et son sac de dépêches pendait à son épaule. C'était ma connaissance d'hier : Shem Grindrod.

— Bonjour, étranger! s'écria-t-il d'un ton gai; il paraît que je ne vous ai pas effrayé hier en vous racontant des histoires des Indiens; pourtant c'est vrai comme l'Évangile. Votre cheval n'a pas trop bon air, Monsieur; vous l'avez poussé à une assez bonne distance, il me semble.

Nous continuâmes notre voyage ensemble pendant quelque temps. L'autre cheval inspirait ma pauvre bête qui faisait de son mieux. Je trouvai Shem beaucoup plus poli qu'il n'avait été le jour précédent. Il me dit brusquement qu'il respectait un individu qui prouvait qu'il était un homme, mais que ce qu'il détestait plus que tout autre homme, c'était ce que l'on nomme un dandy qui se donne des airs aventureux. La manière dont je montais à cheval avait gagné l'estime de Shem. Il sympathisait cordialement avec moi, depuis qu'il voyait que j'étais décidé à traverser ce désert à tout risque.

— Votre cheval est assez beau, monsieur, mais j'ai peur qu'il soit trop fatigué. Or écoutez-moi : la meilleure chose que vous puissiez faire, c'est d'acheter une monture à la première occasion. Bientôt il passera des chasseurs et peut-être vous en vendra-t-on une. Gardez toujours ce pistolet et, si vous rencontrez des Indiens, tenez-vous calme, ne perdez pas une balle ; car chaque petit morceau de plomb est une vie sur le Parara : au revoir, je vous souhaite bonne chance.

Shem dirigeait son cheval vers l'une des stations de Pony-Express, un petit fort solitaire, avec une cour palissadée qui enfermait une sorte de garnison de ses camarades et où l'on gardait un relais de chevaux. Je contemplai avec tristesse le fort et la cour bien approvisionnés, puis je m'en détournai avec ma monture épuisée, pour recommencer mon voyage fatigant. Je savais que j'atteindrais vers l'après-midi une autre station dans le même genre, et là je pourrais demander des rafraîchissements et un abri dans le cas où mon cheval serait hors de combat, las d'avoir parcouru un mille sur la route ; je voyais mon ami Shem monté sur un autre cheval qui parcourait la plaine et me saluait de la main. Je le regardais avec envie, pendant qu'il volait comme une flèche et qu'il disparaissait dans le lointain. Par bonheur cependant je rencontrai presque au même moment un groupe d'hommes blancs. C'étaient trois chasseurs qui revenaien' de l'Orégon avec une assez bonne pelleterie sur leurs mulets. Ils étaient tous bien montés sur des poneys indiens, et l'un deux conduisait par un lasso un cheval fort, bien fait, dont l'œil brillant et les larges narines s'harmonisaient bien avec ses membres forts et nerveux. C'était un type de cheval sauvage. Il n'y avait pas deux mois qu'on l'avait capturé dans les plaines ; mais on l'avait dressé suffisamment pour être utile. J'entrai en marché avec le chasseur ; mon quadrupède épuisé, mais toujours d'une plus grande valeur que le mustang à demi-sauvage, fut donné en échange. J'y joignis quatre aigles dorés ; l'arrangement nous convenait à tous deux, je vis briller ses yeux de plaisir.

— Permettez que je vous donne un conseil, dit le chasseur, comme je mettais l'or dans sa main dure et brune. Gardez les yeux bien ouverts en route, et ne permettez pas que les maudits Indiens vous attrapent. Il y a des signes de leur approche. J'ai vu là-bas, près du ruisseau, l'empreinte d'un mocassin. Aussi bien les Indiens ne viennent jamais de ce côté-là avec de bonnes intentions. Remarquez bien ce que je vous dis : méfiez-vous des Utalisis, des Shoshomes qui sont encore pires ; quant aux Aroshomes, que Dieu vous aide, colonel, s'ils vous attrapent seul. Cela sent les Indiens, je vous ai prévenu.

— Je voudrais que vous eussiez un bon fusil, à canon rayé, sur votre épaule, monsieur, dit un autre, pendant que je montais à cheval ; un fusil est très utile. Il n'y a rien que les Indiens redoutent autant qu'un canon de cinq pieds de longueur.

Je pris congé de ces nouveaux amis qui me

souhaitèrent un bon voyage bien cordialement, quoi qu'il leur parût tout à fait invraisemblable qu'un homme novice pût parcourir seul ce désert. Mon cheval allait bien, la terre devenait plus sèche, l'herbe moins longue. Il y avait moins de vallons marécageux et de ruisseaux courants. Je ne fis nulle rencontre, je n'eus point d'aventures, sauf toutefois que ma nouvelle monture mit le pied dans un trou et que nous roulâmes tous les deux sur la tourbe; mais nous n'eûmes de mal ni l'un ni l'autre; heureusement je tenais ferme la bride, sans cela j'eusse perdu ma monture. Il me semblait par instants que je voyais quelque chose qui paraissait à l'horizon. J'ignorais si c'étaient des sauvages ou des buffles ou des chevaux sauvages. Après avoir parcouru plusieurs milles, j'arrivai à une place où la piste fit un détour subit, sur une longue étendue de terrain entrecoupée d'un ruisseau assez grand et ombragée d'une masse de hauts arbres à coton. Je trouvai ici les empreintes des pieds d'un cheval qui devait y avoir passé il y avait peu de temps, car l'herbe foulée s'était à peine relevée. J'entendis craquer!.... Pan!.... C'étaient les détonations des fusils qui résonnaient dans le bois au-dessous de moi : bruit mêlé à des cris qui me faisaient distinguer la voix terrible des sauvages ; cris de guerre et de sang. Je m'élançai parmi les arbres, et là, je vis le pauvre Shem tout ensanglanté sur sa selle, entouré d'un groupe de six ou sept Indiens, tous à cheval et accoutrés de leurs hideux panaches de guerre. Shem était percé de trois flèches. La quantité de sang qu'il perdait le fit s'évanouir. Mais il s'était comporté courageusement. Un Indien était étendu à ses pieds dans les agonies de la mort. Mon arrivée changea l'attitude du combat. Deux coups de mon revolver mirent bas un barbare tout barbouillé d'ocre jaune, qui s'élançait vers Shem, armé d'un tomahawk. Ceci suffit pour les dérouter et les mettre en fuite, car probablement ils me prirent pour la garde avancée d'une bande d'hommes blancs. Dans tous les cas, ils fuyaient à grande vitesse à travers la plaine.

J'arrivai juste à temps pour empêcher Shem de tomber avec violence. Je le descendis tout doucement de sa selle, pendant qu'il murmurait d'un ton faible :

— Merci, monsieur, vous avez épargné mon crâne.

Il voulut continuer de parler, la voix lui manqua, il tomba évanoui dans mes bras.

Il y avait une couverture, un havre-sac et une bouteille en métal suspendus à l'arçon du courrier des dépêches; je l'ouvris et en mis quelques gouttes dans la bouche de l'homme blessé, puis je fis de ma cravate un bandeau et, avec l'aide de mon mouchoir, j'essayai de bander les blessures, après avoir tenté vainement de retirer les flèches barbelées. Deux des blessures étaient peu profondes et plus douloureuses que dangereuses. Mais la troisième était d'une nature grave : — le manche de la flèche était emboîté dans la côte de Shem, — quoique l'hémorragie eût été peu importante en comparaison des torrents de sang qui coulaient des autres blessures.

En deux minutes, le blessé se remit suffisamment pour relever les yeux. Je fus touché de l'expression de reconnaissance qu'exprimait son regard. Pauvre garçon, il avait probablement reçu bien peu de témoignages de bonté dans sa vie errante!

— Souffrez-vous beaucoup? lui demandai-je. Prenez encore une petite goutte de cette liqueur, elle vous donnera de la force pour vous aider à atteindre le fort.

— Monsieur, je vous remercie sincèrement tout de même ; mais ce sera parfaitement inutile reprit l'étranger après avoir avalé un peu de li. queur. C'en est fait de moi. Un garçon qui s'est battu dans les combats des frontières depuis le jour où il a pu tenir un fusil, n'a pas besoin qu'un médecin lui dise qu'il peut vivre. Oh ! non, il ne demande pas cela. Je ne puis plus me faire illusion.

Sehm avait raison, sa figure accusait un changement terrible, elle était pâle comme la mort, tandis que ses lèvres faisaient un mouvement convulsif ; ses yeux avaient acquis ce regard particulièrement ardent, ce brillant agité et cette expression qui semble implorer et que l'on ne remarque jamais qu'en ceux sur lesquels la mort plane. J'essayai d'arrêter le sang qui coulait de son bras traversé de deux roseaux garnis de bouts en fer ; je le suppliai de ne pas se décourager.

— Cela ne vaut pas la peine de perdre vos paroles, monsieur, dit Shem en respirant convulsivement, je vois que c'est la mort qui m'appelle ; je l'ai senti à la douleur froide et poignante qui a suivi cette maudite blessure dans mes côtes. Je vais saigner intérieurement jusqu'à la mort, et tous les médecins de tous les États ne pourraient rien faire pour moi, pas plus que les meilleurs chirurgiens du Parara. Mais, vous, monsieur, vous avez privé ces maudits chiens de mon crâne, ils voulaient ma chevelure pour danser autour d'elle dans leur village damné. Mon Dieu, comme leurs femmes se moqueront d'eux, lorsqu'ils rentreront, les mains vides.

Il fut obligé de faire bien des efforts, avant de respirer encore.

— Tiens, étrange ! A quelque chose malheur est bon ; écoutez-moi, vous aurez, monsieur, ce que je ne pouvais vous donner ni pour des dollars ni pour des prières ; allez à la station, prenez le sac de dépêches, et vous le remettrez à ces gens-là, en leur disant ce qui est arrivé. Ils viendront assez vite, et s'ils me mettent dans la tourbe avant que les loups mangent mes os, un autre courrier prendra mon sac ; dites-leur que c'est mon désir en mourant : qu'on vous donne un cheval à chaque station, et que l'on permette que vous poursuiviez votre route avec le courrier. La Compagnie ne se fâchera pas de cette violation de la règle, vu que vous avez sauvé le sac, pour ne rien dire de mon crâne.

Il ne pouvait plus parler. J'étais ému en songeant que cette pauvre créature mourante avait assez peu d'égoïsme pour penser à moi, que cet homme sans éducation et à moitié sauvage, s'occupait de ce que mon voyage fût rapide et sûr, tandis que sa respiration tremblait sur ses lèvres blanches. Je lui donnai encore quelques gouttes de whisky, le priant de me dire si je pouvais communiquer ses dernières volontés ou ses derniers désirs à un ami lointain ou à quelque parent.

— Il y a une jeune fille qui demeure dans la ville de Hampton, dit Shem d'une voix presque inintelligible, la fille d'un marchand de mulets, Ruth. Ah! c'est dommage que les noces aient été remises, parce que la Compagnie donne des pensions aux veuves de ses employés. Le père de Ruth a eu des malheurs dans le commerce et elle aurait été bien aise de recevoir quelques dollars chaque année, la pauvre enfant! •

Je lui demandai le nom de sa fiancée et je l'assurai que la maison Spalding et Hausermann ferait tout pour elle par égard pour lui, dans le cas où le service qu'il me rendait m'aiderait à remplir ma mission.

— Elle s'appelle Ruth Moss, dit Shem d'une voix faible, et, bien sûr, c'était une fleur trop délicate pour un demi-sauvage comme moi. Elle va à l'église régulièrement et elle écrit aussi bien que les lettres imprimées.

Puis il me pria d'envoyer à Ruth un certain nœud de ruban qu'il avait reçu en souvenir d'elle ou qu'il lui avait seulement arraché par caprice, — je n'en sais rien.

Dans tous les cas, je trouvai le nœud en dedans de sa veste, enveloppé avec soin comme dans une peau de daim. Mais hélas! une tache de sang avait abîmé la soie bleue, la flèche avait presque traversé ce gage d'amour. Shem me pria aussi de me souvenir de lui, lorsque je passerais à la station Bound-Poud entre Fort-Bridge et Red-Crech, et il me demanda de dire à son vieux père Amos

Grindrod qu'il était mort comme un homme doit mourir.

— Je crains bien que le pauvre vieillard soit désolé, murmura Shem, dont les yeux à demi fermés se voilaient par la mort ; mais il sera content de savoir qu'on ne m'a pas enlevé les cheveux. Dites-lui que je fus tué par une bande de buffles enragés de Shoshonie. Le chacal ! que de fois je lui ai donné à boire lorsqu'il venait avec ses marchandises. Mais il m'en voulait ; maintenant il est satisfait, mais qu'il se garde d'aller à la portée de la carabine d'Amos Grindrod !

Shem s'inquiétait à la pensée de savoir si l'Indien que j'avais fusillé était tombé tout à fait mort, et quelle était la devise peinte sur son corps à demi-nu ; car il ne pouvait pas la distinguer avec ses yeux éteints. Lorsque je lui décrivis l'ocre jaune rayé de blanc, il dit que ce devait être le petit Néban, un des meilleurs guerriers du Buffle enragé. L'autre Indien était barbouillé de noir et de vermillon ; tous deux étaient morts.

Puis Shem me demanda avec timidité si je ne serais pas assez bon pour lui répéter « un peu d'Écriture sainte ». Il me dit qu'il n'avait pas été souvent à l'église, mais que Ruth était pieuse et que sa mère était chrétienne. Je m'agenouillai à côté de lui, et je lui relevai la tête pendant que je prononçais à haute voix une prière simple et courte, telle qu'on l'enseigne aux petits enfants. J'entendis la voix rauque du mourant qui répétait ces paroles une ou deux fois. Un fort tressaillement survint. Pauvre Shem ! il était mort avant qu'il pût terminer sa prière.

Une heure plus tard je me rendis à la station, monté sur un cheval à moi, et conduisant par la bride celui de Shem.

— Ah ! arrêtez-vous, arrêtez-vous, ou je ferai feu sur vous, aussi vrai que je m'appelle Brudshard, s'écria une voix sévère ; par une meurtrière du fort solitaire, je vis le long fusil à canon rayé dirigé vers moi et je fis halte.

— Vous avez un de nos chevaux, s'écria une deuxième voix ; je pense que le drôle l'a volé, qui êtes-vous ?

— Je suis un ami, m'écriai-je, un voyageur. Permettez-moi d'entrer, et je vous expliquerai tout. Nous entrâmes ; un d'eux eut l'instinct que je disais vrai. Un autre s'imagina que je pouvais être un rénégat ou un Indien blanc, et que je désirais que l'on ouvrît la porte de la forteresse à des Indiens féroces.

L'un d'entre eux dit qu'il serait plus prudent de tirer sur moi. En Amérique, c'est la majorité qui l'emporte, et la majorité décida que je serais admis. Il y eut une grande surprise et une douleur sincère, lorsqu'ils apprirent la mort de leur compagnon.

Trois hommes ramassèrent immédiatement leurs rudes outils et suspendirent à leurs épaules leurs fusils à canons rayés. Ils se préparèrent à prendre la route où reposait le cadavre du jeune infortuné, afin d'enterrer ses restes d'après la coutume des frontières ; avec l'instinct de la discipline, un autre s'empressa de seller son cheval dans l'intention de porter le sac de dépêches que le pauvre Shem n'avait délaissé qu'avec la vie. De tout le groupe, c'était le courrier qui était le plus ému. Il eût préféré être de ceux qui allaient mettre dans la tombe son vieux camarade ; mais cela ne pouvait être ; c'était à son tour, disait-il les yeux pleins de larmes, de remplir la mission de facteur. Il s'équipait à la hâte pour la route périlleuse.

J'aventurai ma demande. Avec un air timide et gauche, je les priai de me donner l'autorisation d'obtenir sur ma route un cheval, aux relais. Je dis avec autant de modestie que possible que j'avais sauvé les dépêches ; les hommes paraissaient embarrassés et m'observaient minutieusement ; puis ils semblèrent réfléchir sur ma demande. Celui qui m'avait pris pour un renégat blanc, me jeta un regard, et dit brusquement:

— Comment pouvons-nous savoir si nous ne sommes pas trompés par une suite de mensonges. Peut-être est-ce lui qui a tué Shem, voulant se procurer une autre monture.

— Taisez-vous, dit une voix de tonnerre, pleine d'indignation.

C'était la voix du courrier qui allait porter les dépêches.

— Vous devriez avoir honte de votre langage ; car voici un homme qui est le plus honnête homme possible, qui s'est battu à côté du pauvre Shem, qui lui a épargné le crâne, qui nous a apporté le sac de dépêches, et vous l'insultez avec votre méchante langue. Regardez, son cheval n'est pas las ; aussi reconduisait-il celui de Shem et vous osez lui dire qu'il a tué un chrétien blanc. C'est honteux !

— Oui, oui ! c'est honteux ! s'écrièrent les deux autres. Avez-vous jamais vu un damné renégat qui regarderait un homme, bien en face, d'un air hardi et honnête ? C'est un honnête garçon que ce monsieur, et si jamais il a besoin d'un ami dans un rude combat, nous sommes ses hommes.

Le trio me donna une poignée de main cordiale. Maintenant il me fallait profiter de l'occasion ; par conséquent je fis un appel énergique en leur demandant de me fournir des chevaux, et je leur affirmai que tout mon bonheur, mon avenir et celui de plusieurs autres personnes dépendaient de la vitesse de mon voyage. Ils m'écoutèrent avec bienveillance ; mais lorsque je terminai par ces mots : « Shem l'a désiré aussi en mourant et m'a prié de vous le demander, » c'en fut assez. Mon opposant grommela quelque chose où il fit entrer le mot de langue dorée ; puis parla de violation des réglements, ainsi de suite. Mais le grand courrier l'interrompit en affirmant sous serment que si la Compagnie se plaignait de cette infraction après les services que l'étranger avait rendus, ce serait une administration abominable et que pour sa part il ne la servirait plus.

— Venez, ajouta-t-il, venez, monsieur ; vous aurez une monture. Vous avez déjà perdu trop de temps, il faut que vous le rattrapiez. Venez choisir un cheval dans l'écurie. Voilà un mustang auquel votre selle ira comme sa peau. Le Rouan est le meilleur des deux animaux, mais on lui a écorché le dos. Demandez à Jonas de vous donner du biscuit, car il est certain que vous ne trouverez pas beaucoup d'hôtels; chargez votre revolver, colonel; prenez une bouteille de whisky. Prenez garde à votre monture, monsieur, la bête mord un peu. Ainsi nous garderons la vôtre jusqu'à votre retour, si vous revenez par cette route. Au revoir, mon ami.

Le courrier impatient termina ses préparatifs, s'élança en selle, balança sa carabine au-dessus de sa tête et partit en grande vitesse. Je le suivis aussi rapidement que possible, en jetant mes adieux à ceux qui restaient et qui étaient sur le point de partir pour la place où le pauvre Shem était étendu raide, à côté de ses ennemis couleur de cuivre. Le mustang moucheté était gras et paresseux en comparaison du leste poney couleur de café sur lequel mon guide était monté. J'eus beaucoup de peine à rattraper Dennis Bluk. Nous avancions avec une vitesse extraordinaire.

— Fouettez bien vite votre bête, colonel, s'écriait le courrier, nous sommes bien en retard. Ne la ménagez pas trop, donnez-lui de l'éperon, car cet animal-là est très rusé. Prenez garde à ces terres marécageuses où vous voyez ces touffes de mousse. Sapristi, elles enfonceraient un cheval jusqu'aux étriers, et vous seriez planté là. En avant, vite, monsieur, poussez-le à travers les ruisseaux, — non pas qu'un cheval de Parara puisse sauter comme une bête des États-Unis, mais poussez-le toujours !

Il me sembla que Dennis criait, et poussait son cheval de cette façon, sans autre motif que de calmer ses nerfs et de chasser ses soucis. Je m'en convainquis par ce fait qu'après avoir galopé avec e plus de rapidité possible pendant six ou sept milles, le courrier fit aller ensuite sa monture d'un pas constant et modéré.

— Bien, monsieur, dit-il, nous irons plus lentement maintenant, car je me trouve un peu plus calme. Peut-être ne le croyez-vous guère, colonel, mais j'étais sur le point de faire l'enfant. C'est vrai, ce pauvre garçon Shem, je l'avais connu depuis longtemps, je le connaissais bien; car lorsque nous n'étions pas plus hauts que des baguettes, nous jouions ensemble au village de Pegwotte, près d'Utica, dans le vieux Kentucky.

Bluk décida qu'il fallait aller du côté de l'ouest, et choisit lui-même l'endroit.

— Ce seront de tristes nouvelles que nous aurons à apporter au vieux Amos. Il est très âgé, mais assez fort, il est maintenant au Bound-Poud pour faire le commerce des pelleteries; ce ne serait pas moi qui voudrais lui dire ces nouvelles.

Le courrier fut silencieux pendant longtemps, et il ne parla que lorsque je fis un éloge bien mérité du courage de Shem. Je lui dis que je l'avais trouvé assommant sept Indiens, tel qu'un cerf aux abois. Les yeux de l'homme de la frontière brillèrent d'un regard plein de fierté.

— C'était un garçon courageux, monsieur, j'ai

été témoin de son premier combat. C'était du côté du Midi. Il avait pour ennemis des Indiens, trois contre un seulement. Je puis dire que ce n'était pas un jeu d'enfant ce jour-là, monsieur.

Le courrier ouvrit sa large poitrine, ses narines se dilatèrent, ses lèvres devinrent rouges, lorsqu'il se souvint de la terrible lutte.

Ce courrier était un homme beaucoup plus fort que Shem, monsieur; gai et moins léger, mais il ne lui manquait pas, dans le caractère, une certaine poésie rude et pratique. Il disait qu'il connaissait la fiancée de Shem; qu'elle était une assez jolie fille, et qu'il était rare de rencontrer une jeune fille pareille sur la frontière où elles sont toutes d'une nature de chat sauvage.

Peut-être que sa douceur, sa piété avaient plû à Shem. Bluk parlait avec sentiment, et avec une profonde conviction du chagrin qui attendait le vieil Amos Grindrod, qui était un chasseur autrefois renommé par son courage, son habileté à la guerre et à la chasse.

— Ces nouvelles raccourciront les jours du vieillard, monsieur; mais il est heureux que la vieille mère ne vive pas pour les entendre, car elle adorait tellement Shem que, s'il avait seulement mal au doigt, elle tremblait comme une poule dont on a volé les petits. C'était une bonne vieille, elle soignait ma mère, lorsqu'elle prit la fièvre de ces marais.

L'honnête Dennis avait trop de politesse instinctive pour être curieux à l'égard de mon voyage ; quant à cela, comme en plusieurs autres choses, il dépassait en tact de vraie politesse maintes personnes qui s'habillent en vestes de satin et portent des bottes vernies ; mais il me donnait quelques bons conseils :

— Allez doucement, disait-il, ne vous tourmentez pas, colonel, vous avez trop de couleur aux joues ; lorsque j'ai pris vos mains, elles étaient fiévreuses comme un morceau de peau de daim rôti. Je crois que vous avez raison de ne pas prendre de whisky, vous, bien que pour moi ce soit une nourriture de consolation. Mais si vous aviez un accès de fièvre, elle vous retarderait longtemps ; ainsi ne vous tourmentez pas. Dormez autant que possible. Quant aux Indiens, il n'est pas très probable qu'ils attaquent des hommes blancs, lorsqu'ils verront qu'il n'y a rien à prendre que deux moutons qu'on peut se procurer en jetant le lasso ou le lariot. C'est autre chose pour les trains d'émigrants, car les démons rouges sentent le butin dans les voitures et ce ne sont que les dragons qui peuvent les effrayer. C'est la rancune qui a fait tomber le Buffle enragé sur Shem, car celui-ci lui avait infligé le fouet un soir au fort Bridgow, lorsque l'Indien était ivre avec du whisky que quelques coquins lui avaient vendu. Ces Indiens-là ne pardonnent jamais. Gardez-vous des bandes en embuscade, monsieur, lorsque vous arriverez aux passes des montagnes. Les Indiens peints en noir prendront des chevaux et des vêtements, mais les autres ont un penchant pour les chevelures !

Je recevais les bons conseils de mon guide, et j'essayais de poursuivre le voyage avec autant de sang-froid que possible. Je me reposais à chaque occasion, ne fût-ce que cinq minutes, tandis que l'on mettait des selles sur de nouveaux chevaux. Et c'est merveilleux de penser combien un petit sommeil de cinq minutes me remettait. Plus d'une fois mon compagnon me dit : « Colonel, vous tombez de sommeil; fermez les yeux, si vous voulez, et donnez-moi les rênes, je conduirai les deux chevaux, car vous ne pouvez guère rouler à bas de votre lit. » A vrai dire, la selle profonde convenait admirablement à l'usage d'un cavalier dans un état d'assoupissement ; une fois, je dormis longtemps et profondément, non sans être dérangé par des cahots. Lorsque je me réveillai, je me trouvai soutenu par le bras fort et puissant de mon conducteur qui galopait auprès de moi déjà depuis longtemps et qui ménageait les deux brides avec la main gauche.

— Je vous ai laissé dormir, colonel, car je pensais que cela vous remettrait un peu, dit le brave garçon.

Dans la prairie, comme dans le monde, je trouvai que les bons sentiments étaient la règle, et les mauvais l'exception. Mais les fatigues dépassèrent tout ce que j'avais pu rêver. Nous poursuivions toujours notre route, jour et nuit, tour à tour sous un soleil brûlant ou par un temps de gélées terribles et de vent du nord. Nous traversâmes des petits fleuves, des marais, où nous nous élancions à travers des plaines sans limites.

J'apprenais presque à haïr les vastes étendues

de tourbes, les horizons bleus, les éminences de terre où des voitures légères auraient pu passer. Nous allâmes toujours et arrivâmes enfin à une place où l'herbe longue est remplacée par de l'herbe courte et dure; la véritable herbe de buffles que les bisons aiment. L'eau devenait rare, et la sauge-plante remplaçait les arbustes fleuris de l'occident. De temps en temps les pieds de nos chevaux se prirent dans une terre blanche d'une sorte de désert, jonchée de cristal de sel qui étincelait aux rayons du soleil. Nous ne voyions que peu d'Indiens et encore moins de gibier. Ce dernier avait été effarouché par le passage constant d'émigrants. Je ne puis vous donner au juste une idée de ce voyage interminable, de l'état de mes membres, de leurs douleurs, de mes muscles raides et tendus. Encore moins pourrais-je vous faire comprendre combien je souffrais de la tension continuelle de l'esprit et des facultés qui me fatiguaient le crâne autant que l'exercice me fatiguait le corps.

Je n'oublierai jamais la soirée de mon arrivée à Salt-Lake-City, la capitale du territoire Utah et la nouvelle Jérusalem des Mormons. De là, je devais me rendre dans des régions plus civilisées. A ma grande surprise, je trouvai les habitants de la station de Salt-Lake-City beaucoup plus méfiants et revêches que, dans les lointaines stations, je ne les avais vus au milieu des prairies. Ils étaient des gentils au milieu d'une population fanatique, dominée par cette étrange croyance dont l'étendard a été arboré dans les solitudes de l'occident.

Je ne fus pas longtemps à apprendre le motif de leur triste préoccupation.

— Où est Jack Hudson? demanda le courrier qui était avec moi, après que les premières salutations eurent été échangées.

— Qui sait? répondit l'homme à qui il s'était adressé, je n'en sais rien. Seth m'a dit qu'il était allé à la ville. Si c'est comme cela, il n'est pas encore revenu, voilà tout ce que je puis vous dire.

— Quand est-il parti, Seth? demanda le courrier.

— Il est parti il y a deux jours, répondit Seth en grattant la surface d'une chique de tabac avec un long couteau, — avant le coucher du soleil.

— Il n'a pas déserté assurément, Jack était trop

loyal pour cela, dit le courrier d'un ton de confiance.

— Déserté ! Oh non ! mais voilà ce qu'on doit mettre dans le rapport : qu'il n'était pas arrivé.

Le courrier regarda fixement Seth à la figure avec un regard significatif, et leva lentement son index. Seth fit un signe d'assentiment.

— Le moins que l'on dit est le mieux, ajouta Seth, en m'observant d'un air méfiant.

— Oh! le colonel ne dira rien, vous pouvez parler devant lui comme devant moi, mon garçon, s'écria le courrier des dépêches. Vous voulez dire que ce sont ces sanguinaires Mormons.

— Nist ! nist ! Vous vous ferez tous couper la gorge, s'écria l'homme le plus âgé, en se montrant très alarmé. Il peut y avoir un de ces scélérats à portée de nous entendre.

Il regarda par la fenêtre, devant la porte, pour s'assurer que personne n'écoutait.

— J'ai oublié, fit Seth en s'excusant; mais dites-moi ce que vous savez à l'égard de Jack Hudson. Je crains, poursuivit-il d'une voix très basse, qu'il soit parti pour toujours. Il s'inquiétait de sa sœur Nelly Hudson qui s'était jointe aux

Mormons l'hiver dernier, dans l'Illinois, où elle était restée.

— Heu! heu! dit le courrier, j'en ai entendu dire autant.

— Voilà ce que je crois, continua Seth : je crois que Jack s'est fait nommer à cette station pour demander sa sœur et la ramener chez elle et à sa religion. Et, voyez-vous, les Mormons ne voudront pas de cela.

— Peuh! dit encore le guide Jen.

— De sorte que Seth et moi nous pensons, dit l'aîné du groupe, que Jack a fait l'espion une fois de trop et qu'il est un Shaussip.

— Shaussip! répétai-je, qu'est-ce que cela?

L'homme me jeta un regard curieux.

— Comment, vous n'avez jamais entendu parler de Shaussip, monsieur? Tant pis pour vous, avez-vous entendu parler des Danstes?

C'est vrai, j'avais entendu parler vaguement de cette police secrète du pays des Mormons, de ces féroces fanatiques qui obéissent si aveuglément à leur prophète.

— Allons donc; vous avez raison de croire que votre camarade est...!

— Qu'il repose sous la boue salée d'un de ces lacs tout près d'ici, interrompit l'aîné, qu'il n'y reste pas seul non plus. Il manque plusieurs personnes qui n'ont jamais pu retourner en Californie. Ils resteront là jusqu'au jour du jugement, alors que le grand Lac Salé rendra ses morts, pareil au reste de la terre et des eaux.

Je demandai si on ne pouvait pas faire appel aux anciens Mormons?

— Ce serait inutile, colonel; supposez que demain j'aille chez Brigham ou Kimball, ou chez tout autre de leurs grands hommes, anciens, anges, grands-prêtres, ou je ne sais qui, — et que je demande : Jack Hudson! Brigham a la langue très merveilleuse... « Que puis-je apprendre d'un fuyard gentil? » Peut-être un autre me donnera un verre de vin qui me rendra malade et j'en mourrai. Vous pouvez bien lui ouvrir les yeux... mais c'est de cette manière qu'est mort le trésorier de l'État... après avoir pris des rafraîchissements à la maison de l'ange Badger?... Celui-là est un joli ange, pardieu! Et soit que j'accepte à boire sous le toit d'un Mormon, soit que je revienne tard la nuit ou que je m'égare en route, tout cela est d'un danger égal.

14

— Croyez-moi, monsieur, c'est aussi vrai que la mort! Je sais que la semaine dernière, en passant devant le grand lac, je vis la figure d'une femme morte, toute blanche et sans mouvement au fond de l'étang salé.

Seth s'était montré très mal à son aise pendant ce discours. Il se releva brusquement, en jurant, et ouvrit la porte avec précaution pour savoir si on écoutait.

— Tiens, dit-il, nous ferions mieux de ne pas parler de ces affaires, puisque nous sommes hors du territoire. Les Mormons sont tellement rusés, qu'il me semble qu'ils ont des oreilles partout. S'ils avaient une idée de ce que nous disons, le colonel ne verrait jamais New-York, et je ne retournerais jamais chez moi à Montgomery.

Je n'étais pas fâché, après une longue course au clair de la lune, de me retrouver au point du jour près des limites du territoire des Mormons.

Le reste du voyage n'eut pas d'aventures. Il y avait des fatigues à subir, mais point de périls. Nous traversâmes une route jonchée d'ossements blanchis provenant de chevaux, de mulets, et où de petits monticules de tourbe marquaient la dernière place du repas d'un émigrant, de sa femme et de son enfant destinés à ne jamais atteindre la terre d'espérance. Les provisions étaient maintenant plus abondantes. On trouvait de l'eau plus facilement que lorsque les Mormons expulsés prirent leur fameuse marche à travers le désert, et qu'ils marquaient de tombeaux la route vierge. Nous faillîmes être enterrés dans la neige en traversant les montagnes rocailleuses ; c'était là notre dernier péril.

J'avais rempli le triste devoir de dire au vieux Amos le mort de son fils et de lui remettre le petit bout de ruban taché de sang qui devait être rendu à sa fiancée. Le vieillard essaya de supporter cette désolante nouvelle avec le stoïcisme de ces Indiens parmi lesquels il avait passé une grande partie de sa vie. Et il exprima de la joie en apprenant que Shem était mort comme un homme de Kentucky doit mourir, avec un grand courage. Mais quelques instants après, la nature fut vaincue. Les traits du vieillard s'agitèrent convulsivement, les larmes coulèrent de ses yeux âgés, pendant qu'il disait en sanglotant : « Shem !

Mon cher enfant Shem. C'est moi qui devrais être mort, et non pas lui. »

Enfin ce fatigant voyage était terminé, et les toits d'un village apparurent. Je descendis gaiement de mon cheval, je pressai gaiement les mains dures du courrier de la Compagnie-Express, laissant cet honnête garçon se préoccuper beaucoup des caractères cabalistiques d'un billet de dix mille dollars que je lui présentai. Je louai une voiture à deux chevaux et je partis immédiatement. Bientôt je l'échangeai pour une voiture meilleure qui me rendit de bons services, jusqu'à ce que j'entendis le hennissement de ce bon cheval à vapeur : la locomotive. Et je pris mon billet de chemin de fer. Quel luxe, quel délice de voyager ainsi, après un voyage à cheval! Je dormis d'une façon qui provoqua la curiosité de plus d'un voyageur au sujet de mes affaires et de ma position.

J'avais déjà envoyé ce télégramme à New-York :

— Malle Californienne, via Panama, est-elle arrivée ?

La réponse était encore plus brève :

— Non.

C'était bien, jusque là.

— Ma peine n'était pas perdue; je pouvais espérer être à New-York avant le docteur, dit le colonel Joram Nechler. Il est vrai que la victoire n'était pas encore gagnée. Il restait toujours les papiers de valeur.

Le train s'arrêta et j'entendis dire :

— Massa! sortir ici! C'est New-York, Massa?

Quelqu'un me secouait le bras — une autre personne tenait une lanterne tout près de ma figure; c'était le nègre d'un homme blanc et le conducteur du train.

— Je vais à l'hôtel Métropolitain, lui dis-je, j'ai besoin d'une voiture; mais je n'ai pas de bagages. Savez-vous si la malle Californienne est arrivée?

— Oui, monsieur, elle est arrivée, dit un revendeur de journaux qui se tenait tout près — voici toutes les nouvelles. Voici le *Héraut*, la *Tribune*, le *Times*.

J'achetai un journal, et je donnai un coup d'œil à la liste des voyageurs débarqués : tant de poussière d'or, tant de lingots — un voyageur européen distingué, le directeur des forêts, la signora Contatini, les colonels Joram Nechler, etc.

Le conducteur de la voiture était, comme à l'ordinaire, un Irlandais, et heureusement ce n'était pas un nouvel arrivé. A cette heure tout était fermé. Il me conduisit au magasin d'un juif qui faisait le commerce d'habits. J'achetai de nouveaux habits, du linge, une valise, je rasai ma barbe avec des rasoirs fournis par le juif. De sorte que le cocher conduisit à l'hôtel métropolitain un gentilhomme à l'air ordinaire et propre, au lieu du Californien à chemise de flanelle sale qui avait d'abord loué sa voiture.

Je demandai poliment de me faire voir les adresses des voyageurs avant de louer un appartement dans cet hôtel. Le nom de Nechler était inscrit dans le livre.

Je pensais bien qu'il descendrait au Métropolitain, car je l'avais entendu parler de cette maison. Je flanai à la buvette et sur les escaliers. jusqu'à ce que j'appris par hasard qu'il était couché.

Puis je me retirai pour réfléchir à ce que j'avais à faire, et j'avoue que j'étais un peu embarrassé.

Nechler se rendrait sans doute à la banque

le lendemain matin, pour présenter le faux bon et peut-être escompter les billets. Il fallait que je l'arrêtasse ; mais comment? Devais-je aller droit à la police et ramener les agents avec moi? — Non, ce n'était pas comme cela qu'il fallait agir aux yeux de la loi. Nechler passerait par la suite pour un homme innocent et moi, pour un faux accusateur ; puis je songeai à le confronter hardiment, et à le forcer à me rendre ce qui était la propriété de la maison, même le pistolet en main, s'il le fallait. Mais cela était un moyen trop excentrique pour être adopté dans un des premiers hôtels de New-York. Je ne savais que faire.

— Mon Dieu, quelle odeur de feu, que l'air est suffocant, épais, quelle fumée ! Mais le feu a pris à la maison ! !

Je m'élançai de mon lit, je m'habillai à la hâte. A quelque chose malheur est bon. En sonnant pour avertir le monde, je pensai à Joram Nechler.

— Au feu ! au feu ! — Ce cri terrible réveilla ceux qui dormaient, pareil à la dernière trompette. Des nuées de fumée noire passèrent rapidement par les corridors illuminés de place en place par des rubans de flammes qui, telles que des langues de serpents d'argent, léchaient les murs et les parquets. On entendait des cris, on ouvrait des portes avec violence. Les hommes, les femmes et les enfants s'élancèrent de leurs chambres à moitié habillés, en jetant des cris horribles. C'était une scène de confusion et de terreur, le feu gagnait du terrain, la fumée était épaisse à aveugler. Tout le monde s'enfuyait, moi excepté. Je cherchais à trouver mon chemin vers la chambre de Joram dont je connaissais la disposition et le numéro. Je savais que je risquais ma vie, mais l'enjeu valait bien que je courusse un pareil risque. J'étais presque suffoqué, en m'appuyant au mur où la fumée était la plus épaisse. Tout à coup, quelqu'un à moitié habillé, fuyant avec crainte, me renversa presque en s'élançant les bras étendus. Cet homme prononçait un juron sauvage, le feu jaillissait droit dans sa figure. C'était Joram Nechler. Il ne me reconnut pas, mais il s'élançait en avant, en ne songeant qu'au danger. Est-ce qu'il avait les papiers? il me semblait que non. J'espérais que non. — C'était donc sa chambre à lui dont la porte était à moitié ouverte et dans laquelle la fumée roulait, et non seulement la fumée, car je voyais une étroite langue de feu qui glissait sur le parquet à côté des boiseries. Je me jetai au-devant. La fumée me faisait cuire les yeux, à peine pouvais-je respirer. Mais ni la fumée, ni le feu ne pouvaient me détourner. Les habits et la boîte à toilette étaient restés où Nechler les avait laissés. La boîte était ouverte; mais il n'y avait point de papiers. La valise aussi était ouverte, mais là non plus point de papiers. — Il les avait donc avec lui ! — Je risquais ma vie inutilement, Emma était perdue pour moi ! La fumée me suffoquait, le feu insupportablement chaud avait gagné le lit. Les rideaux se consumaient dans une grande flamme jaune. Les langues subtiles des flammes me touchaient presque les pieds: je devais fuir ou périr.

J'entendais, au dehors, le bruit des pompes à incendie, et les exclamations de la foule, — puis le bruit de l'eau jetée avec violence contre la maison, pendant qu'on faisait des efforts prodigieux pour éteindre le feu.

. . . .

Je m'en allais en chancelant, lorsque je vis un

portefeuille de cuir de Russie, à demi-caché, sous le traversin : — dans sa terreur le coquin l'avait oublié; les rideaux enflammés tombaient sur moi en fragments, — mes mains furent brûlées. — Je saisis l'objet précieux, — je l'ouvris.

Oui!! les bons et les billets étaient tous là dedans! je le déposai dans ma poche, — je quittai la chambre, je frayai mon chemin en luttant contre le feu dans le corridor; l'eau avait dompté les flammes jusqu'à un certain point, et les pompiers étaient certains désormais d'arriver à éteindre l'incendie dans peu de temps.

A moitié suffoqué, brûlé, mais le cœur palpitant de fierté, je descendis les escaliers échauffés et pleins de monde. J'atteignis l'air et je tombai évanoui.

. . . .
. . . .

Je n'ai plus rien à raconter. — Je suis un associé de la maison. — Emma est ma femme, son frère est revenu à de bons sentiments, — il habite un autre pays. — La maison Spalding-Hausermann et Cie a accordé une pension à la pauvre jeune fille qu'aurait dû épouser Shem.

VI

MADEMOISELLE KIMMEENS

Le jour touchait à sa fin, quand la porte s'ouvrit de nouveau, et qu'à la brillante lumière d'or qui découlait à flots du soleil couchant et frappait les vénérables barreaux de l'autre côté de la créature souillée de suie, il passa un petit enfant, une petite fille avec une chevelure éclatante de beauté. Elle portait un chapeau de paille uni, tenait une clef à la main ; elle courut au voyageur, comme si elle était charmée de le voir, et allait lui faire quelque confidence enfantine, quand elle aperçut la figure derrière les barreaux, et recula épouvantée.

— Ne vous alarmez pas, ma mignonne ! dit le voyageur en la prenant par la main.

— Oh! mais, je n'aime pas cela! s'écria l'enfant toute tremblante, c'est effrayant.

— Bien! Je ne l'aime pas non plus, dit le voyageur.

— Qui l'a mis là ? demanda la jeune fille. Ça mord-il ?

— Non... ça aboie seulement. Mais vous ne pouvez donc prendre sur vous de le regarder ?

Car elle se cachait les yeux.

— Oh! non, non, non! répondit l'enfant. Je ne puis supporter cette vue.

Le voyageur tourna la tête vers son ami à l'intérieur, comme pour lui demander comment il trouvait cette preuve de son succès, et emmenant l'enfant par la porte encore ouverte, il s'entretint avec elle pendant environ une demi-heure à la douce lumière du soleil. A la fin il revint, l'encourageant, pendant qu'elle lui tenait le bras des deux mains ; et, posant sur sa tête sa main protectrice et caressant sa jolie chevelure, il parla à son ami derrière les barreaux dans les termes suivants :

— L'établissement de Mlle Pupford, pour six jeunes demoiselles d'un âge tendre, est un établissement d'une nature compacte, un établissement en miniature, un vrai établissement de poche. Mlle Pupford, l'aide de Mlle Pupford à l'accent parisien, la cuisinière de Mlle Pupford et la servante de Mlle Pupford, forment ce que Mlle Pupford appelle l'état-major enseignant et domestique de son collège lilliputien.

Mlle Pupford est l'une des plus aimables personnes de son sexe; il s'ensuit, nécessairement, qu'elle possède un caractère doux, et qu'elle aurait un grand fonds de sentiments, si elle savait bien l'allier avec ses devoirs à l'égard des parents. Ne s'y croyant pas obligée, elle s'en éloigne autant que possible, et (Dieu la bénisse) elle n'en est pourtant pas bien loin.

L'aide de Mlle Pupford, avec l'accent parisien, peut être regardée en quelque sorte comme une dame inspirée, car elle n'a jamais causé avec un Parisien et n'est jamais sortie d'Angleterre, excepté une fois dans le bateau de plaisir *le Rapide*, pour aller aux eaux étrangères qui refluent et coulent à deux milles de Margate vers la haute mer. Même dans ces circonstances, géographiquement favorables pour connaître la langue française dans ce qu'elle a de plus poli et de plus pur, l'aide de Mlle Pupford ne profita pas pleinement de l'occasion, car le bateau de plaisir *le Rapide* fit si bien valoir en cette occasion son titre au nom qu'il portait, qu'elle fut réduite à la condition de se tenir au fond du navire à se mariner, comme si elle allait être salée pour l'usage de la navigation, souffrant en même temps de grandes peines morales, et d'un désordre complet dans son économie.

Quand Mlle Pupford et son aide se trouvèrent-elles réunies pour la première fois? c'est ce que ne savent ni étrangers ni élèves. Mais il y avait longtemps. Une croyance se serait établie parmi les élèves qu'elles étaient toutes les deux venues ensemble à l'école le même jour, s'il n'eût pas été difficile et téméraire de penser que Mlle Pupford eût pu apparaître sans impudence, dépourvue de mitaines, ou sans un morceau de fil d'or entre ses dents de devant, et sans de petits grains de poudre sur sa petite figure propre et sur son nez.

En effet, quand Mlle Pupford fait une courte lecture sur la mythologie des pays mal civilisés ayant toujours soin de ne pas faire mention de

Cupidon), et qu'elle raconte comment Minerve sortit tout armée du cerveau de Jupiter, on supposerait presque qu'elle veut dire : « C'est ainsi que je suis venue moi-même dans ce monde, connaissant à fond Pinnock, Magnall, les Tables et l'usage des Sphères. »

Quoiqu'il en soit, Mlle Pupford et l'aide de Mlle Pupford étaient de vieilles, vieilles amies. Et les élèves pensent qu'après qu'elles sont allées se coucher, leurs maîtresses s'appellent réciproquement par leurs noms de baptême dans le petit salon paisible. Car, une fois, par une après-midi orageux, Mlle Pupford étant tombée sans connaissance, l'aide de Mlle Pupford qu'on n'avait jamais entendu, avant ni depuis, la nommer en d'autres termes que « Mlle Pupford », courut à elle en criant : « Ma chère Euphémie. » Et Euphémie est le nom de baptême de Mlle Pupford, d'après le tableau (la date a disparu) suspendu à l'entrée du collège, tableau où deux paons, terrifiés à mort par quelques mots allemands jetés de l'intérieur d'une chaumière, se sauvent pour cacher leurs profils derrière deux immenses pieds de fèves poussant dans des pots à fleurs.

Il circule aussi parmi les élèves une opinion secrète que Mlle Pupford fut une fois amoureuse, et que l'objet aimé vit encore sur ce globe ; que c'est un personnage public et d'une grande importance ; que l'aide de Mlle Pupford connaît tout ce qui le concerne. Car une fois, une après-midi que Mlle Pupford lisait le journal avec ses petites lunettes d'or (il est nécessaire de le lire à la hâte, car le garçon avec sa ponctualité mal intentionnée le demande au bout d'une heure), elle est devenue agitée et a dit à son aide : « G ! » Aussitôt l'aide de Mlle Pupford s'est avancée près de sa maîtresse et Mlle Pupford lui a montré avec ses lunettes G sur le papier ; puis l'aide de Mlle Pupford a lu ce qui concernait G et a manifesté de la sympathie.

La gent écolière fut si excitée alors par la curiosité au sujet de G, que, profitant de circonstances momentanées favorables à une saillie hardie, une élève peu effrayée se procura sur le moment le journal qu'elle parcourut tout entier, en recherchant G qui y avait été découvert par Mlle Pupford à peine dix minutes auparavant. Mais on ne put le rapporter à aucun G, excepté à un criminel qui avait subi la peine capitale avec beaucoup de fermeté, et on ne pouvait supposer que M{self.lle} Pupford pût jamais l'avoir aimé.

D'une part il pouvait bien ne pas avoir été exécuté, d'une autre part il pouvait bien reparaître sur le journal dans l'espace d'un mois.

En somme, les soupçons de la gent écolière se portèrent sur un petit vieux monsieur joufflu, chaussant des bottes noires et luisantes qui lui montaient jusqu'aux genoux. Une élève à l'œil vif et fin, mademoiselle Lynx, un jour qu'elle était allée à Tunbridge Wells avec M{self.lle} Pupford pendant les vacances, avait raconté à son retour (en particulier et confidentiellement) qu'elle avait vu ce monsieur tourner autour de M{self.lle} Pupford sur la promenade, et qu'elle l'avait surpris serrant la main à M{self.lle} Pupford, et l'avait entendu prononcer ces mots : « Cruelle Euphémie, toujours à toi » ou quelque chose de semblable.

Mademoiselle Lynx hasarda l'opinion que ce pouvait être un membre de la Chambre des Communes, ou un agent de change, ou un magistrat, ou un membre de la commission des mouvements de la mode ; ce qui expliquerait pourquoi son nom paraissait si souvent dans le journal.

Mais malheureusement la gent écolière objectait que le nom de ces notabilités pouvait bien ne pas s'écrire avec un G.

Il y a d'autres occasions, secrètement observées et parfaitement comprises de la gent écolière, où M{}^{lle} Pupford communique mystérieusement à son aide qu'il y a quelque curiosité spéciale dans le journal du matin. Ces occasions se présentent quand M{}^{lle} Pupford tombe sur une ancienne élève paraissant au chapitre des naissances ou des mariages. Des larmes d'affection se font invariablement remarquer dans les doux petits yeux de M{}^{lle} Pupford, en ce dernier cas ; et les élèves, s'apercevant que ce genre de choses se faisait connaître de lui-même, bien que le fait n'eût jamais été mentionné par M{}^{lle} Pupford, s'en enorgueillissent et sentent que quelque chose de semblable est réservé à la grandeur.

L'aide de M{}^{lle} Pupford à l'accent parisien, a un peu plus de scrupule que M{}^{lle} Pupford, mais elle porte les mêmes habits avec moins de luxe, selon son rang, et à force de contempler, d'admirer et d'imiter M{}^{lle} Pupford, elle est devenue comme elle. Entièrement dévouée à Mlle Pupford et possédant un joli talent pour le dessin au crayon, elle fit une fois le portrait de cette dame ; il fut si vite reconnu et si bien accueilli par les élèves qu'il fut fait sur pierre à cinq shellings. Assurément ce fut la plus tendre et la plus douce des pierres qu'on eût jamais extraites, qui reçut ce portrait de Mlle Pupford ! Les lignes de son gracieux petit nez y sont si indécises que les personnes étrangères aux œuvres d'art, paraissent excessivement embarrassées pour en distinguer la forme et tâtent involontairement leur propre nez d'un air déconcerté. Mlle Pupford y étant représentée dans un état de mélancolie à une fenêtre ouverte, rêvant penchée sur un bocal de poissons d'or, les élèves avaient prétendu que le bocal avait été offert par G., qu'il l'avait couronné lui-même de pensées, et que Mlle Pupford était dépeinte comme l'attendant dans une occasion mémorable où il se trouvait en retard.

L'approche des dernières vacances de la mi-été avait pour les élèves un intérêt tout particulier, parce qu'elles savaient que Mlle Pupford était invitée, pour le second jour de ces vacances, aux noces d'une ancienne élève. Comme il était impossible de cacher la chose, vu les grands préparatifs de toilette, Mlle Pupford l'annonça ouvertement. Mais elle prétendait qu'elle devait aux parents de faire cette annonce d'un air de douce mélancolie, comme si le mariage était en quelque sorte un malheur (et assurément il y en a des exemples).

Avec un air de douce résignation et de pitié d'ailleurs, Mlle Pupford se livra à ses préparatifs, et pendant ce temps aucune élève ne monta ou ne descendit les escaliers sans jeter un coup d'œil à la porte de la chambre à coucher de Mlle Pupford, quand Mlle Pupford n'y était pas, et sans rapporter quelque nouvelle surprenante à propos du bonnet.

Les grands préparatifs étant terminés, le jour qui précéda les vacances, les élèves, grâce à l'entremise de l'aide de Mlle Pupford, lui présentèrent la demande unanime de daigner leur apparaître dans toute sa spendeur. Mlle Pupford, y consentant, offrit un charmant spectacle. Et bien que les plus âgées des élèves eussent à peine treize ans, chacune des six sut en deux minutes à quoi s'en tenir sur la forme, la coupe, la couleur, le prix et la qualité de chaque article que portait Mlle Pupford.

Amenées d'une manière si agréable, les vacances commencèrent. Cinq des six élèves embrassèrent la petite Catherine Kimmeens plus de vingt fois (en tout, une centaine de fois, car elle était très aimée) et partirent ensuite.

Mlle Catherine Kimmeens resta en arrière, car ses parents et amis étaient tous dans l'Inde, bien loin. C'était une petite fille ferme et maîtresse d'elle-même que Mlle Catherine Kimmeens, une charmante enfant d'un bon naturel.

Enfin, le grand jour du mariage arriva, et Mlle Pupford, tout aussi empressée qu'une fiancée pourrait l'être (G ! pensa Mlle Catherine Kimmeens), partit, magnifique à voir, dans la voiture qui avait été envoyée pour elle. Et Mlle Pupford ne partit pas seule ; car l'aide de Mlle Pupford partit aussi avec elle sous prétexte d'une visite respectueuse à un oncle âgé, bien qu'assurément le vénérable gentleman n'habitât pas dans les galeries de l'église où devait se célébrer le mariage, pensa Mlle Catherine Kimmeens, et cependant l'aide de Mlle Pupford avait laissé entendre que c'était là qu'elle allait. Quant à la cuisinière, elle ne sut point où elle allait; mais ordinairement elle disait à Mlle Kimmeens qu'elle était obligée, bien malgré elle, de faire un pèlerinage, pour accomplir quelque pieux devoir qui nécessitait de nouveaux rubans à son plus beau bonnet et des semelles à ses souliers.

— Vous le voyez, dit la servante, quand elles furent toutes parties, il n'y a personne qui reste dans la maison que vous et moi, Mlle Kimmeens.

— Personne, dit Mlle Catherine Kimmeens, secouant sa chevelure bouclée d'un petit air de mélancolie, personne !

— Et vous ne voudriez pas que votre Bella s'en allât aussi, n'est-ce pas, Mlle Kimmeens ? dit la servante. (Elle s'appelait Bella.)

— N... non, répondit la petite demoiselle Kimmeens.

— Votre pauvre Bella est forcée de rester avec vous, qu'elle l'aime ou qu'elle ne l'aime pas, n'est-ce pas, Mlle Kimmeens?

— Vous ne l'aimez pas ? demanda Catherine.

—Comment, vous êtes si mignonne, que ce ne

serait pas complaisant de la part de votre Bella de faire des objections. Cependant mon beau-frère est tombé soudainement malade, comme je l'ai appris par le courrier de ce matin. Et votre pauvre Bella lui est très attachée laissant seule sa sœur favorite, M{{ll}}e Kimmeens.

— Est-il bien malade? demanda la petite Catherine.

— C'est-ce que craint votre pauvre Bella, M{{ll}}e Kimmeens, répondit la servante, avec son tablier sur les yeux. Le mal n'est qu'à l'intérieur, il est vrai; mais il peut monter, et le docteur dit que, s'il monte, il n'en répondra pas.

A ces mots, la servante était si accablée que Catherine lui donna le seul soulagement qu'elle eût à sa disposition, c'est-à-dire un baiser.

— Si ce n'eût point été pour contrarier la cuisinière, ma chère M{{ll}}e Kimmeens, dit la servante, votre Bella lui aurait demandé de rester avec vous. Car la cuisinière est une douce société, M{{ll}}e Kimmeens, beaucoup plus que votre pauvre Bella.

— Mais vous êtes bien tendre, Bella.

— Votre Bella désirerait l'être, M{{ll}}e Kimmeens,

répliqua la servante, mais elle sait parfaitement bien que ce n'est pas en son pouvoir aujourd'hui. Avec cette conviction désespérée, la servante poussa un profond soupir, branla la tête, et la laissa tomber de côté.

— S'il y eût eu quelque moyen honnête de tromper la cuisinière, poursuivit-elle d'un air pensif et abstrait, on l'eût fait si facilement! J'aurais pu aller chez mon beau-frère, y passer la plus grande partie de la journée, et revenir bien avant que nos dames fussent de retour la nuit, sans que l'une ni l'autre pût jamais en rien savoir. Non pas que Mlle Pupford s'y opposerait du tout, mais cela pourrait la mettre hors d'elle-même, ayant le cœur tendre. Quoiqu'il en soit, votre pauvre Bella, Mlle Kimmeens, dit la servante, en revenant à elle, est forcée de rentrer avec vous, et vous êtes un précieux amour, si vous n'êtes pas une liberté.

— Bella, dit la petite Catherine après un moment de silence.

— Appelez votre pauvre Bella, *votre* Bella, ma chère, lui demanda la servante avec prière.

— Ma Bella, alors.

— Béni soit votre bon cœur! dit la servante.

— Si vous ne considériez pas que vous me laissez, moi, je ne ferais pas attention que je suis laissée. Je n'ai pas peur de rester seule dans la maison. Et vous n'avez pas besoin de vous inquiéter de moi, car j'aurais bien soin de ne faire rien de mal.

— Oh! pour le mal, vous qui êtes la douceur même, sinon une liberté, s'écria la servante avec ravissement, votre Bella pourrait vous confier quoi que ce soit, vous qui êtes si ferme et capable de répondre de tout. Je suis pour l'âge la première dans cette maison, comme dit la cuisinière, mais pour la beauté de la chevelure, c'est Mlle Kimmeens; mais non, je ne vous abandonnerai pas, car vous croiriez votre Bella peu aimable.

— Mais si vous êtes ma Bella, il vous faut partir, répliqua l'enfant.

— Le faut-il? dit la servante se levant après tout avec empressement. Ce qui doit être, doit être, Mlle Kimmeens. Votre pauvre Bella accède à votre désir, quoique à regret. Mais qu'elle parte ou qu'elle reste, votre pauvre Bella vous aime, Mlle Kimmeens.

C'était certainement son dessein de s'en aller et

non de rester, car dans l'espace de cinq minutes,
la pauvre Bella de Mlle Kimmeens, aussi accomplie en fait de vivacité qu'elle s'était montrée sensible au sujet de son beau-frère, partit, vêtue d'un
habillement qui paraissait avoir été préparé tout
exprès pour une fête, — tant il y a de changements dans ce monde passager, et tant nous
sommes bornés, nous autres, pauvres mortels!

Quand la porte de la maison se ferma avec une
bruyante secousse, il sembla à Mlle Kimmeens
que cette porte, en retombant lourdement, l'enfermait dans une maison déserte. Mais Mlle Kimmeens étant, comme nous l'avons établi plus
haut, d'un caractère méthodique et confiant en
lui-même, se mit aussitôt à diviser la longue journée d'été qu'elle avait devant elle.

D'abord elle crut devoir visiter toute la maison pour bien s'assurer qu'il n'y avait personne
qui, avec un grand manteau et un couteau à découper, se serait caché sous un des lits ou dans
une des armoires. Non qu'elle eût jamais été
troublée par l'apparition de quelque personnage
vêtu d'un grand manteau et armé d'un coutelas,
mais il lui sembla être ébranlée dans son exis-

tence par la secousse et le bruit de la grand'-porte, se répercutant à travers la maison solitaire. Aussi, la petite Mlle Kimmeens regarda-t-elle sous les cinq lits vides des cinq élèves parties, sous son propre lit, sous le lit de Mlle Pupford, et sous le lit de l'aide de Mlle Pupford. Quand elle eut fini cette perquisition et fait le tour des armoires, il lui vint dans sa jeune tête cette désagréable pensée, que ce serait chose bien alarmante de trouver quelque individu avec un masque, comme Guy Fawkes, se cachant tout droit dans un coin, et affectant de ne pas être en vie ! Toutefois, Mlle Kimmeens, ayant terminé son inspection sans faire aucune découverte fâcheuse, s'assit de son petit air dégagé pour travailler de l'aiguille, et se mit à coudre avec beaucoup d'entrain.

Le silence qui régnait autour d'elle devint bientôt très accablant, surtout à cause du bizarre contraste qui lui faisait entendre d'autant plus de bruits que le silence était plus grand. Le bruit de sa propre aiguille et de son fil, tout en cousant, était infiniment plus fort à ses oreilles que le bruit des six élèves de Mlle Pupford et de son aide, cousant toutes ensemble une après-midi avec une grande émulation. Maintenant la pendule de la classe marchait d'une manière autre que jamais auparavant ; ses oscillations étaient inégales, et cependant elle continuait sa marche avec autant de force et de bruit que possible, d'où il résultait qu'elle vacillait entre les minutes dans un état de grande confusion, et qu'elle les marquait dans tous les sens sans paraître remplir son devoir régulier. Peut-être les escaliers en furent-ils alarmés ; mais quoique ce fût, ils se mirent à craquer d'une manière fort extraordinaire, et les meubles se mirent à faire du bruit, et la pauvre petite M{11e} Kimmeens, qui n'aimait pas en général l'aspect trompeur des choses, se mit à chanter en cousant. Mais ce n'était pas sa propre voix qu'elle entendait ; c'était comme la voix d'une autre, Catherine, chantant d'une manière excessivement fade et sans cœur ; de sorte que ceci n'améliorant pas davantage la position, elle laissa de côté le chant.

Peu à peu, le travail à l'aiguille lui causa un dégoût si prononcé que M{11e} Catherine Kimmeens plia nettement son travail, le mit au fond de sa boîte et l'abandonna. C'est alors qu'elle songea à lire. Mais non : le livre, qui était si délicieux quand elle avait quelqu'un sur qui elle pouvait reporter ses yeux, en les détournant de la page, n'avait pas plus d'attraits que ses chants de tout à l'heure. Le livre fut remis à son rayon, comme le travail à l'aiguille était rentré dans sa boîte. Puisqu'il faut faire quelque chose, pensa l'enfant, « je vais mettre ma chambre en ordre. »

Elle partageait sa chambre avec une petite amie qu'elle chérissait plus que les autres élèves Pourquoi n'aurait-elle pas maintenant une peur secrète du lit de sa petite amie ? C'est ce qui lui arriva.

Il y avait un air trompeur planant sur les innocentes draperies blanches, et même dans ses sombres pensées elle voyait une petite fille morte couchée sous la couverture. Le grand besoin de société humaine, le besoin impérieux d'une figure humaine, commença alors à se faire sentir d'elle, vu la facilité avec laquelle les meubles prenaient des ressemblances étranges et exagérées avec les regards humains. Une chaise d'une mine renfrognée et menaçante était horriblement hors d'elle-même dans un coin ; une commode très méchante lui montrait les dents d'entre les fenêtres. Il n'y avait pas moyen d'échapper à ces monstres devant la glace, car leur réflection disait : « Comment ? Est-ce que vous êtes toute seule ici ? Comme vous regardez fixement ! » Et l'éloignement lui aussi ne lui offrait qu'un grand regard avide fixé sur elle.

Le jour continuait sa marche, traînant lentement avec lui Catherine comme par les cheveux, jusqu'à ce qu'il fût l'heure de manger. Il y avait de bonnes provisions dans le garde-manger, mais leur bon goût et leur saveur avaient disparu avec les cinq élèves, avec Mlle Pupford, avec l'aide de Mlle Pupford, avec la cuisinière et la servante. A quoi bon l'usage de mettre symétriquement la nappe, pour un petit convive qui depuis le matin n'avait fait que devenir de plus petit en plus petit, tandis que la maison vide n'avait que devenir de plus vaste en plus vaste ? Le vénérable bénédicité lui parut chose à l'envers, car qu'étions-nous pour recevoir avec reconnaissance ? Aussi, Mlle Kimmeens ne fut pas reconnaissante, et elle se trouva prendre son repas d'une manière très sale, l'avalant, en un mot plutôt à la façon des animaux inférieurs, pour ne pas spécifier les pourceaux. Mais ce n'était pas du tout là le plus mauvais côté du changement qu'opéra ce jour de solitude chez cette petite créature naturellement aimante et enjouée. Elle commença à devenir méchante et soupçonneuse. Elle découvrit qu'elle était pleine de torts et d'injustices. Tous ceux qu'elle connaissait devenaient corrompus et méchants dans ses pensées solitaires.

C'était très bien pour son papa, un homme veuf dans l'Inde, de l'envoyer ici pour faire son éducation, de payer tous les ans pour elle une jolie somme ronde à Mlle Pupford et d'écrire de charmantes lettres à sa petite fille si mignonne; mais s'occupait-il d'elle, abandonnée à elle même, quand il s'amusait (comme sans aucun doute il faisait toujours), en compagnie du matin au soir. Peut-être après tout ne l'envoyait-il ici que pour se débarrasser d'elle? Et ceci paraissait vraisemblable... vraisemblable aujourd'hui surtout, car auparavant elle n'avait jamais songé à pareille chose.

Et cette ancienne élève qui se mariait? c'était une idée insupportable et égoïste chez l'ancienne élève que de se marier. Elle était bien vaine, et bien contente de le faire voir; mais il était à peu près certain qu'elle n'était pas jolie; et fût-elle même jolie; (ce que Mlle Kimmeens lui refusait complètement en ce moment), elle n'avait que faire de se marier; et même en admettant qu'elle se mariât elle n'avait que faire d'inviter Mlle Pupford à sa noce. Quant à Mlle Pupford, elle était trop vieille pour aller à la noce. Elle devait bien le savoir. Elle aurait mieux fait de s'occuper de ses affaires. Elle avait cru avoir l'air élégant ce matin, mais il n'en était rien. Elle n'était qu'une stupide vieille chose. C'était une stupide vieille chose. L'aide de Mlle Pupford en était une autre. Tous ensemble n'étaient que de stupides vieilles choses.

Bien plus : elle commença à s'imaginer que tout ceci n'était qu'un complot. Elles s'étaient dit l'une à l'autre : ne vous occupez pas de Catherine. Laissez-la de côté et j'en ferai autant; et nous laisserons Catherine s'occuper d'elle-même. Qui s'intéresse à elle? Assurément elles avaient raison, en se posant cette question. Car qui s'intéressait à elle, cette pauvre petite chose abandonnée, contre laquelle toutes ne formaient que plans et complots ?— Personne ! Personne !

Ici Catherine se mit à sangloter.

Dans toutes les autres circonstances, elle était le bijou de toute la maison et en retour elle aimait ses cinq compagnes de l'affection la plus tendre et la plus ingénue ; mais maintenant ses cinq compagnes lui apparaissaient sous de vilaines couleurs et pour la première fois à travers un sombre nuage. Elles étaient toutes chez elles ce jour-là, elles qu'elle estimait tant, emportées maintenant loin d'elle, dépouillées de tout ce qui les rendait aimables, devenues désagréables et ne s'occupant nullement d'elle. C'était par un sentiment d'égoïsme artificieux qu'elles lui donnaient toujours quand elles revenaient, sous l'apparence d'une bonne et confiante amitié, mille détails sur l'emploi de leur temps : où elles étaient allées, ce qu'elles avaient fait et vu, combien de fois elles avaient dit : « Oh ! si nous avions seulement ici la gentille petite Catherine. » Ici en effet, j'ose le dire ! quand elles revenaient après les vacances elles étaient habituées à être reçues par Catherine à qui elles disaient que revenir vers Catherine, c'était

16

retrouver un autre chez soi. Eh bien, alors, pourquoi s'en allaient-elles? Si elles pensaient ainsi, pourquoi s'en allaient-elles? Qu'elles répondent à cela. Mais elles ne le pensaient pas et ne pourraient pas répondre, et elles ne disaient pas la vérité, et les gens qui ne disent pas la vérité sont haïssables. Quand elles reviendront la prochaine fois, elles seront reçues d'une toute autre manière. « Je les éviterai, je les fuirai. »

Mais pendant qu'elle était ainsi assise toute seule, songeant combien elle était maltraitée et combien elle valait mieux que les gens qui n'étaient pas seuls, le repas de noces continuait : qu'il n'en soit pas question. Un énorme gâteau mal fait, de ridicules fleurs d'oranger, une mariée présomptueuse, un affreux garçon de noce, et des filles d'honneur sans cœur, tel était l'entourage de Mlle Pupford à la table! Elles croyaient qu'elles s'amusaient, mais un jour viendrait pour elles où elles regretteraient d'avoir pensé ainsi. Elles seraient toutes mortes dans quelques années ; qu'elles s'amusent donc autant que possible. C'était une inspiration religieuse d'avoir cette idée.

Cette inspiration fut telle en effet que la petite Mademoiselle Catherine Kimmeens s'élança subitement de la chaise où elle avait réfléchi dans un coin, et s'écria : « Oh! non, ces envieuses pensées ne sont pas les miennes! Oh! non, je ne suis pas cette méchante créature! Aidez-moi, quelqu'un? Je m'égare, seule, abandonnée à ma propre faiblesse.

Aidez-moi, — quelqu'un?

— Mademoiselle Kimmeens n'est pas un philosophe avoué, dit M. le Voyageur en la présentant aux barreaux de la fenêtre et en caressant sa magnifique chevelure. Mais je crois qu'il y avait quelque teinte de philosophie dans ses paroles et dans la prompte action qui les suivit. Cette action consistait à sortir quelqu'un de sa solitude, contraire à la nature, et à chercher pour lui au dehors une sympathie, salutaire à donner et à recevoir. Ses pas errants l'amenèrent par hasard à cette porte comme un contraste avec vous. L'enfant en est sorti, monsieur. Si vous êtes assez sage pour profiter des leçons d'un enfant (mais j'en doute, car ceci demande plus de sagesse qu'un homme de votre condition ne paraît en posséder), vous ne pouvez rien faire de mieux que d'imiter l'enfant et que de sortir au plus vite de cette séquestration démoralisante.

VII

LE CHAUDRONNIER

Le soleil se couchait. Il y avait une demi-heure que l'ermite s'était dirigé vers son lit de cendres où il s'était étendu enroulé dans sa couverture, le dos tourné vers la fenêtre et ne faisant nullement attention à l'appel qui lui avait été adressé. La conversation qui durait depuis deux heures s'était faite au bruit des coups de marteau du chaudronnier occupé de l'autre côté à travailler à quelque vase ou chaudron de villageois, et il travaillait vigoureusement. Comme cette musique continuait toujours, il vint à l'idée du voyageur d'avoir un moment d'entretien avec le chaudronnier. Prenant par la main Mlle Kimmeens (avec qui il était maintenant dans les termes d'une bonne amitié), il se dirigea vers la porte où le chaudronnier était assis à son travail, sur le gazon de l'autre côté de la route, son sac d'outils ouvert devant lui et son petit feu fumant à côté.

— Je suis bien aise de vous voir occupé, dit le voyageur.

– Et moi bien aise de l'être, répondit le chaudronnier, levant les yeux tout en mettant la dernière main à son travail; mais pourquoi en êtes-vous bien aise?

— J'avais cru ce matin, en vous voyant, que vous étiez un paresseux.

— Non, je n'étais que dégoûté.

— Est-ce que vous ne travaillez qu'avec le beau temps?

— Avec le beau temps? dit le chaudronnier étonné.

— Oui, comme vous m'aviez dit que le temps ous était indifférent, je pensais...

— Ha, ha! quel serait mon profit, si je faisais attention au temps. Il faut le prendre comme il vient et, quel qu'il soit, en tirer le meilleur parti possible. D'ailleurs il y a du bon dans toute espèce de temps. Il ne vaut rien pour mon travail aujourd'hui, il est bon pour le travail d'un autre, et demain il se présentera favorable pour moi. Il faut que tout le monde vive.

— Votre main, je vous prie, dit le voyageur.

— Prenez garde, monsieur, dit le chaudronnier, en tendant la main avec surprise, le noir est la couleur du métier.

— J'en suis bien aise. J'ai été pendant plusieurs heures au milieu d'un noir qui ne vient pas du travail.

— Vous voulez parler de Tom, là en face?

— Oui.

— Bien ; ajouta-t-il, en secouant la poussière de son travail qui était fini. — N'y a-t-il pas de quoi dégoûter un cochon, s'il pouvait porter son attention là-dessus?

— Mais s'il pouvait y porter son attention, reprit l'autre en souriant, il est probable que ce ne serait pas un cochon.

— Vous visez à la pointe, dit le chaudronnier. Mais alors qu'avez-vous à dire de Tom?

— Assurément fort peu de chose.

— Vraiment, monsieur, vous ne pensez rien, dit le chaudronnier en ramassant ses outils.

— La réponse, (je l'avoue franchement), vaut mon idée. J'en infère donc que c'était lui la cause de votre dégoût?

— Mais, voyez vous-même, monsieur, dit le chaudronnier en se levant, et essuyant énergiquement sa figure avec le coin de son tablier noir. Je vous laisse à juger. — Je vous le demande ! — Hier soir ayant un travail qui demande à être fait la nuit, j'ai travaillé la nuit entière. Bien, ce n'est rien ; mais ce matin je viens ici le long de cette route cherchant un endroit doucement éclairé par les rayons du soleil pour y dormir, et j'aperçois ces ruines d'un aspect désolant ; j'avais moi-même vécu dans un milieu aussi triste et je connais bien une pauvre créature qui est forcée d'y passer aussi sa longue existence. Je m'assieds, pris d'un mouvement de pitié, en jetant les yeux tout autour de moi. Alors à cette porte je vois apparaître l'homme ennuyeux dont je vous ai parlé, se retirant devant moi comme le baudet devant un ver à soie, (j'en demande bien pardon à mon baudet), et cependant c'est lui-même qui a fait choix de ce genre de vie. Et dites-moi donc, s'il vous plaît, ce que vous pensez de sa fantaisie d'aller vêtu de lambeaux qui le couvrent à peine et sale sous son masque trompeur, — triste, mais trop réelle condition de plusieurs milliers d'individus ! Je prétends moi que c'est la preuve d'une contradiction intolérable et absurde et cela me dégoûte. Oui, j'en suis honteux et dégoûté.

— Venez le voir, je vous prie, dit le voyageur, en frappant sur l'épaule du chaudronnier.

— Non, monsieur, il serait trop content, si j'allais le voir.

— Mais il dort.

— En êtes-vous sûr? demanda le chaudronnier d'un air de doute, et tout en chargeant son sac sur l'épaule.

— Oui, assurément.

— Alors je l'examinerai un quart de minute, puisque vous y tenez tant, mais pas davantage.

Ils revinrent tous trois de l'autre côté de la route et grâce aux derniers rayons du soleil pénétrant par la porte que l'enfant tenait ouverte pour les laisser entrer, on pouvait parfaitement l'apercevoir étendu sur son lit.

— Le voyez-vous? demanda le voyageur.

— Oui, répondit le chaudronnier, et il est encore pire que je ne pensais.

Monsieur le voyageur lui murmura en peu de mots ce qu'il avait fait depuis le matin, et demanda au chaudronnier ce qu'il en pensait.

— Je pense, répondit-il, en s'éloignant de la fenêtre, que vous avez perdu une journée autour de lui : — et moi aussi, mais elle n'a pas été perdue pour moi, je l'espère.

— Vous arrive-t-il d'aller quelquefois près le Peal of Bells?

— C'est mon chemin direct.

— Je vous y invite à souper. Et comme cette jeune fille me dit qu'elle va dans la même direction, l'espace de trois quarts de mille, nous la mettrons sur son chemin et nous la garderons quelque temps à la porte de son jardin jusqu'à ce que sa Bella rentre à la maison...

A ces mots, M. le voyageur, l'enfant et le chaudronnier s'éloignèrent comme de vieux amis, respirant les parfums de cette odorante soirée.

Voici la morale tirée de ce sujet : « Dans mon commerce, le métal qui se rouille faute d'être employé, s'il était abandonné à la rouille, ne se détériorerait pas si vite que le métal intact dont on se sert pour de rudes et incessants travaux. »

FIN

TABLE DES CHAPITRES

I. — Suie et cendres.   5
II. — Les ombres du soir. 31
III. — Rencontre d'un mauvais sujet 79
IV. — Des épaves sur la mer. 117
V. — Ramassant un portefeuille. 154
VI. — Mademoiselle Kimmeens. 219
VII. — Le chaudronnier. 245

ÉMILE COLIN — IMPRIMERIE DE LAGNY

www.ingramcontent.com/pod-product-compliance
Lightning Source LLC
Chambersburg PA
CBHW070527170426
43200CB00011B/2351